UNHELDISCHER HELD

„Männer sind Arschlöcher. Das ist mir aufgegangen, als ich erkannte, daß ich mit mir weder ausgehen noch ins Bett gehen würde."
DUSTIN HOFFMAN

könnte er die ganze Wahrheit nicht glauben, die er da sehen muß. Ein Bursche, der nicht selten komisch und heiter daherkommt, nur um seine Verzweiflung zu überspielen.

Dustin Hoffman ist ein wütender kleiner Terrier, der sich in seine Gegner verbeißt; aber einer, der auf der Seite der sozial Schwachen, der Deklassierten steht, ohne ein Programm daraus zu machen. Zugleich ist er ein Tragiker und ein Clown – eine tragikomische Figur. Nicht zufällig wurde er von Anfang an mit Chaplin und Keaton verglichen.

Als vor Aufregung schluckender Benjamin wird er in seinem ersten Erfolgsfilm *Die Reifeprüfung* von der gefühlskalten erfahrenen Frau auf seine Tauglichkeit als Mann überprüft – und für gut befunden. Übel ergeht es ihm als New Yorker Hobo und Stadtstreicher in *Asphalt Cowboy*, wo er hustend und kränkelnd nur in der Gosse landen und abkratzen kann. Das Typenreservoir seiner späteren Charakterrollen nimmt er in *Little Big Man* vorweg, wo er alle Altersstufen vom Jüngling bis zum Hundertjährigen durchläuft. In einer Person führt er die verschiedensten Figuren vor: Indianer und Büffeljäger, Bleichgesicht, Quacksalber, Kundschafter, Einsiedler und Trunkenbold.

Nicht wiederzuerkennen ist er in der Studie eines kurzsichtigen intellektuellen Sträflings und Fälschers in *Papillon*. Als satirischer Entertainer *Lenny* hält er in dem gleichnamigen Film der Gesellschaft einen Spiegel vor, in dem diese sich nicht wiedererkennen will, und auch in dem rüden Gangsterfilm *Stunde der Bewährung*, in dem er sich einem sadistischen Bewährungshelfer ausgeliefert sieht, vollzieht sich sein Abgang gewalttätig und unaufhaltsam.

Dustin Hoffman rennt um sein Leben als *Marathon Mann*, und er steht selten auf der Seite der lebensfähigen positiven Helden wie als Enthüllungsjournalist in *Die Unbestechlichen*. Unschuldig Verfolgte, Gefährdete und Verlorene trifft er in ihrem innersten Kern, was er zuletzt in *Tod eines Handlungsreisenden* und in *Rain Man* in beklemmender Weise vorführte.

Dustin Hoffman liefert viele Ansichten von sich und uns, und er hat ohne Zweifel zum Image des neuen Mannes – falls es das überhaupt gibt – entscheidend beigetragen.

STATIONEN EINER KARRIERE

Seine Eltern tauften ihn Dustin nach dem Stummfilm-Cowboy Dustin Farnum, einem bekannten amerikanischen Westernstar der Frühzeit. Seine Mutter hatte bald ihre Vorliebe fürs Kino entdeckt, der Vater wollte Filmregisseur werden und übersiedelte deshalb mit der Familie von Chicago nach Los Angeles. Dort kam Dustin Hoffman am 8. August 1937 zur Welt.

Der Vater, von russischen Juden abstammend, schaffte nie den Aufstieg in der Glitzerstadt L. A. Er brachte es gerade zum Assistenten des Bühnenbildners bei den *Columbia Pictures*, ehe er sich dann doch mit einem bürgerlichen Beruf zufriedengab. Die Hoffmans, die man der Mittelschicht zurechnen kann, lebten in Beverly Hills nahe bei Hollywood. Es ging ihnen finanziell allerdings nie sehr gut, mal waren sie oben, dann wieder ganz unten.

Dustin interessierte sich zwar früh für die Schauspielerei und den Film, dennoch hätte er nie zu träumen gewagt, daß er wirklich einmal ein großer Hollywoodstar werden würde. Er war ein Spätentwickler. Mit drei Jahren sprach er noch kein Wort, wirkte er verträumt und verschlossen. In der Schule litt er unter seiner zu großen Nase. Er war unauffällig, klein, einer, den man glatt übersieht.

Das versuchte er durch böse Bubenstreiche und Späße wettzumachen, mit denen er der Klasse imponierte. Durch seinen Humor und seine Clownerien gelang es ihm, seine Minderwertigkeitskomplexe abzureagieren und vorübergehend im Mittelpunkt zu stehen. »Du bringst die Leute zum Lachen, also existierst du«, lautete seine Devise.

Dustin hatte als Junge schiefe Zähne und litt unter der Klammer, die er tragen mußte. Der häßliche kleine Vogel wurde von seinen Mitschülern gehänselt; deshalb zog er sich gern in Phantasiewelten zurück. Am liebsten träumte er davon, ein Boxer zu sein, der zwar zu Boden geht, sich aber immer wieder aufrappelt und den Gegner am Ende »ausknockt«.

In der siebten Klasse, als Zwölfjähriger, stand er zum erstenmal bei einer Schüleraufführung auf den Brettern einer Bühne; er verkörperte den »Tiny Tim«, weil er der Kleinste in der Klasse war. Als ihn bei der Weihnachtsfeier ein größerer Junge damit aufzog, stieß Dustin so schreckliche Flüche aus, daß er von den weiteren Aufführungen suspendiert wurde.

Das machte ihm jedoch nichts aus, denn zu dieser Zeit hatte er noch nicht den Wunsch, Schauspieler zu werden. »Ich brauchte ja nur in den Spiegel zu schauen, um zu sehen, wie häßlich ich war.«

Dustin hatte ein gutes Zeugnis in der Schule, aber die schlimmste Akne von ganz Südkalifornien. Trotz seiner Clownerien blieb er ein Außenseiter, wenig geliebt von Lehrern und Mitschülern. Anstatt zu büffeln, spielte er lieber Tennis oder Klavier, um auf diese Weise die Aufmerksamkeit des anderen Geschlechts auf sich zu lenken – vergebens. Mutter Lillian berichtete, daß Dustin ein »ungezogenes Kind« war, das nie erwachsen werden wollte. Dustin Hoffman über diese Phase seiner Pubertät: »Als ich anfing, mich für Mädchen zu interessieren, war ich sehr unsicher. Ich war klein und meine Nase viel zu groß. Wenn ich mit einem Mädchen sprach, habe ich immer versucht, ihm von vorn gegenüberzustehen, nie im Profil... Doch meist war ich derjenige, der beim Tanzen die Mauerblümchen aufforderte. Ich mußte nehmen,

„Eigentlich wollte ich Pianist werden, in den Schauspielkurs bin ich nur gegangen, weil dort die hübschen Mädchen waren." DUSTIN HOFFMAN

was übrigblieb.« Es ist leicht zu verstehen, daß Dustin der Zeit auf der High School wenig nachtrauerte.

Er interessierte sich für Medizin und Musik. Seiner musisch begabten Mutter zuliebe besuchte er das Santa Monica College, und später das Konservatorium in Los Angeles. Doch die ernste Musik war nicht seine Sache, und schon bald zauberte er Jazzrhythmen aus den Tasten des Pianos – und belegte nebenbei einen Schauspielkurs.

Schnell wurde diese Nebensache zu seinem Hauptinteresse, als er entdeckte, welchen Spaß ihm die Schauspielerei bereitete. Zum Glück waren seine Eltern dieser neuen Leidenschaft gegenüber aufgeschlossen, sie träumten von dem, was ihnen versagt geblieben war – daß ihre Söhne beim Film groß herauskommen sollten. Dustins älterer Bruder Ronald hatte deshalb schon vor ihm Unterricht in Steptanz erhalten, allerdings vergebens, er war dafür völlig unbegabt und wurde später Arzt und Universitätsprofessor.

Dustin wechselte also vom Musik-Konservatorium zum Theater; das nicht unbekannte »Pasadena Playhouse«, an dem schon manches Talent entdeckt wurde, war nun seine neue Wirkungsstätte. Seine Tante Pearl prophezeite ihm zwar, daß er mit diesem Gesicht niemals eine Liebesszene mit einer schönen Frau würde spielen können, doch Dustin kümmerte das wenig – er wollte Charakterdarsteller werden.

Barney Brown, der Direktor des »Pasadena Playhouse«, bescheinigte ihm durchaus Talent. Doch wenn überhaupt, dann würde er frühestens in zehn Jahren Erfolg haben.

Dustin Hoffman machte zur selben Zeit seine ersten Gehversuche an diesem Theater wie zwei andere Stars, die später zu Ruhm und Anerkennung kommen sollten, Barbra Streisand und Gene Hackman. Hoffman spielte alles, was kam, besondere Anerkennung erntete er aber bei einer Studioaufführung in der Rolle des Anwalts in Arthur Millers »Blick von der Brücke«.

Damals wie heute strebten die jungen Nachwuchstalente zum Film, doch Dustin besaß keine Chance, in Hollywood einen Fuß in die Studiotür zu bekommen, denn er war weder groß, noch blond oder blauäugig. Auch besaß er keine Ambitionen, in das damals beliebte Cowboyfach einzusteigen; und so sah er nur einen einzigen Weg, sich als Schauspieler weiterzuentwickeln, durch den Sprung nach New York, jener Stadt, die für junge Talente unerhörte Aufstiegsmöglichkeiten zu eröffnen schien.

Am »Pasadena Playhouse« hatte er ausreichend Erfahrungen in den unterschiedlichsten Rollen erworben, und so erreichte er über Steamboat Springs, Colorado und Fargo, North Dakota, wo er an den örtlichen Theatern Gastspiele gab, schließlich die große Metropole. Dustin war gerade 21 Jahre alt, als er dort ankam, und als erstes wurde er ausgeraubt. Sein Jackett und die gesamte Barschaft von 35 Dollar waren futsch, keine besonders freundliche Art, einen Neuankömmling in New York zu begrüßen.

Für Dustin Hoffman folgten acht Jahre harter »Lehrzeit«, in denen er die unterschiedlichsten Jobs verrichtete und als Schauspieler unermüdlich neue Anläufe unternahm, um Fuß zu fassen.

Um sich über Wasser zu halten, arbeitete er am Columbia Presbyterian Medical Center, wo er psychisch gestörte Patienten zu betreuen hatte – eine Erfahrung, die er später in »Rain Man« umsetzen konnte. Er war Babysitter, Möbelpacker, Garderobenmann, Platzanweiser, Portier und – Verkäufer in der Spielwarenabteilung von Macy's Kaufhaus in der 34th Street gegenüber dem Empire State Building. Hier gelangen ihm großartige Improvisationen im schauspielerischen Rollenspiel; einmal setzte er Gene Hackmans zweijährigen Sohn Christopher auf die Theke und bot ihn als entzückende Puppe zum Verkauf an. Eine Kundin wollte das »Spielzeug« für 16 Dollar mitnehmen und fiel vor Schreck fast in Ohnmacht, als sie die »Puppe« anfaßte.

Dustin Hoffman kleidete sich zu jener Zeit salopp wie ein Asphalt-Cowboy, seine langen dunklen Haare fielen ihm auf die Schultern, und dazu trug er eine Schafwollweste ohne Hemd, hohe Lederstiefel und ausgewaschene zerfledderte Jeans. Er teilte sich eine Behausung mit sieben Opernsängern oder schlief auf dem Fußboden von Gene Hackmans winziger Küche.

Schließlich gelang es ihm, an Lee Strasbergs berühmtem »Actor's Studio« aufgenommen zu werden, wo vor ihm schon Marlon Brando und Marilyn Monroe ihre schauspielerische Reifeprüfung abgelegt hatten.

Nach und nach kam Dustin Hoffman in kleineren und größeren Off-Broadway-Theaterproduktionen unter, so in dem Beckett-Stück »Warten auf Godot« als Pozzo oder in »Harry, Noon and Night« von Ronald Ribman, in dem Dustin Hoffman einen buckligen Homosexuellen verkör-

„Ich ging dann nach New York, weil ich glaubte, fürs Kino nicht schön genug zu sein.“
DUSTIN HOFFMAN

perte. Damit erregte er erstmals Aufsehen bei der New Yorker Theaterkritik. Dazwischen arbeitete er als Schauspiellehrer und als Regieassistent von Ulu Grosbard in dem Stück »Blick von der Brücke« von Arthur Miller. Schon damals zeichnete sich ein eigenwilliger und exzentrischer Zug in Dustins Charakter ab, er erlebte immer wieder Reinfälle oder wurde gefeuert, weil er auf eigenen Interpretationen der Rollen bestand oder Anweisungen eines Regisseurs mißachtete.

Dustin Hoffman war gerade dabei, den Durchbruch am Theater zu schaffen, als ihn ein böser Unfall zurückwarf. Beim Fondue-Essen mit seiner Freundin explodierte der Topf mit kochendem Öl, und Dustin zog sich schwere Verbrennungen zu. Als er vier Wochen später aus dem Krankenhaus entlassen wurde, hatte er eine wichtige Rolle in dem Stück »The Subject Was Roses« verloren – und wieder begann die mühsame Suche nach einem neuen Engagement.

Doch schließlich verhalf ihm sein Talent zum Erfolg. Mit »Journey of the Fifth Horse«, einem Stück, das auf einer Geschichte von Turgenjew basiert, kam Dustin Hoffman am American Place Theatre groß heraus. Das Stück war nicht unumstritten,

„Natürlich weiß ich, daß die Mädchen nicht hinter mir her sind, nicht hinter Dustin, sondern hinter Ben Braddock, dem Typ aus der *Reifeprüfung*." -
DUSTIN HOFFMAN

doch Dustins Rolle als exzentrischer Russe eine Glanznummer. Er gewann den »Obie«, den New Yorker Preis für Rollen außerhalb des Broadway, und wurde von Kritikern mit Chaplin und Buster Keaton verglichen. Nach einer weiteren Darstellung in dem Stück »Eh« von Henry Living war Dustin Hoffman in aller Munde, er konnte jetzt in Ruhe abwarten, welche Rollen ihm angeboten wurden. Und nun kamen auch die Filmangebote. Nach einer winzigen Nebenrolle in *The Tiger Makes Out* erhielt Dustin Hoffman seine erste Hauptrolle in einem Film, der unter dem Titel *Un Dollari per 7 vigliacchi* in Rom gedreht wurde.

Es war eine billig gemachte Klamotte, ein Streifen, der Dustin Hoffman vielleicht im Filmgeschäft schon aus dem Rennen geworfen hätte, wenn er nicht kurz darauf, 1967, noch ehe der Film in den Verleih kam, einem Glücksfall begegnet wäre. Der Name dieser Person war Mike Nichols, berühmt geworden durch den Film *Wer hat Angst vor Virginia Woolf.* Er verfolgte Dustins Spiel in »Eh« am Circle-in-the-Square-Theatre in New York und forderte ihn danach auf, nach Hollywood zu Probeaufnahmen für den Film *Die Reifeprüfung* zu kommen. Dustin kam dort an und sah sich in einer endlosen Reihe von Kandidaten; zudem sollte die Figur des College-Abgängers Ben Braddock 21 Jahre alt sein, Dustin war aber 30, und er sollte »blond, athletisch, wohlerzogen und gut genährt« sein, also ein »wandelndes Surfbrett«, und damit genau das Gegenteil von dem, was Dustin Hoffman darstellte. Die zehnminütige Szene mit Katherine Ross fiel auch – aus Dustin Hoffmans Sicht – mangelhaft aus. Der Schauspieler war nervös, übermüdet, unkonzentriert. Er versprach sich dauernd, seine Zärtlichkeiten wirkten linkisch und unbeholfen.

Mit anderen Worten, Dustin Hoffman glaubte von vornherein nicht an seine Chance und spielte entsprechend enthemmt drauflos. Er fuhr nach Hause und beschloß, diese Hollywooderfahrung sofort zu vergessen, als ihn kurz darauf Mike Nichols anrief und ihm die Rolle anbot. Er würde genau dem Typ jenes verwirrten, naiven Jungen entsprechen, der den Verführungskünsten einer reifen Frau zum Opfer fällt.

Dustin Hoffman erhielt für seine erste große Filmrolle 17 000 Dollar, für die er sich eine kleine 3-Zimmer-Wohnung in Greenwich Village leisten konnte. Der Film wurde – wie inzwischen bekannt – ein sensationeller Erfolg, Dustin Hoffman über Nacht ein gefragter Filmstar. Die Ankündigung seines ersten Theaterchefs im Pasadena Playhouse, daß ihn der Erfolg in zehn Jahren einholen würde, traf nun haargenau ein.

Dustin Hoffman hatte es sich nicht leicht gemacht bei dieser ersten großen Hauptrolle in dem Film eines Star-Regisseurs; daß er unerfahren war im Filmgeschäft und »gegen die Rolle« besetzt worden war, brachte ihm eine Menge Schwierigkeiten. »Ich betrachtete es als Charakterstudie, und ich versuchte mich zu erinnern, wie ich mich gefühlt habe als Pubertierender vor zehn Jahren . . . Ich habe in einem Film mitgespielt, der einschlug wie eine Bombe, aber ich kann nichts dafür.« Und als Dustin Hoffman den fertigen Film später kritisch betrachtete, kam er zu der Meinung, daß er letztlich doch genau jenes »wandelnde Surfbrett« war, über das er sich früher immer lustig gemacht hatte.

Die Reifeprüfung, mit der Regisseur Mike Nichols einen Oscar gewann, eröffnete für Dustin Hoffmans Karriere alle Möglichkeiten. Kritiker sahen es zwar als großen Dusel an, mit einem einzigen Film schon das große Los gezogen zu haben, aber Dustin war damit der neue Star in Hollywood, und er wurde mit Angeboten überschüttet, die alle darauf hinausliefen, noch einmal den harmlosen Jungen von nebenan, Ben Braddock, zu spielen. Doch davon wollte Dustin nichts wissen; er vermied es von Anfang an, sich auf einen Typ festlegen zu lassen.

Und so nahm er ein Angebot an, das seinem Wesen mehr entsprach – die Rolle des Stadtstreichers Ratso Rizzo in *Asphalt Cowboy*. Hoffman ging damit gleich mehrere Risiken ein, Ratso war nicht der Titelheld des Films und er war eine Negativfigur. Mit dieser kleinen Großstadtratte, einem schmierigen, kranken Ganoven und Außenseiter der Gesellschaft, setzte Dustin sein soeben gewonnenes Image aufs Spiel – und er gewann dieses Spiel. Der Film *Asphalt Cowboy* wurde 1969 mit einem Oscar als bester Film des Jahres ausgezeichnet, und Dustin Hoffman war wieder in aller Munde, obwohl er neben Jon Voight nur die zweite Hauptrolle spielte.

Im Jahre 1969, zwischen diesem Film und seinem folgenden *John und Mary*, spielte Dustin Hoffman auch die Hauptrolle in dem Drama »Jimmy Shine« am Broadway; das Stück von Murray Schisgal stellte einen jungen Mann vor, dessen Zukunft in den Sternen steht. Er lebt in seiner eigenen Traumwelt in einem Lagerhaus, lernt eine Prostituierte kennen und beginnt zu malen.

Ein strahlender Oscar-Gewinner.

Das Stück erhielt schlechte Kritiken, allerdings bezog sich diese negative Einschätzung nicht auf Dustins Darstellung der Hauptfigur. Immerhin brachte es »Jimmy Shine« auf 161 Vorstellungen bis zum April 1969.
Einige Wochen später, am 4. Mai, heiratete Dustin Hoffman die Tänzerin Anne Byrne, mit der er seit drei Jahren befreundet war. Anne brachte eine Tochter aus ihrer ersten Ehe mit, nach der Hochzeitsfeier verbrachte das Paar die Flitterwochen auf einer Asienreise. Am 15. Oktober 1970 kam das erste Kind aus dieser Verbindung, Jennifer Celia, zur Welt.
Dustin Hoffman hatte es sich inzwischen angewöhnt, Rollenangebote von einer Rechtsanwältin in Los Angeles überprüfen zu lassen. Diese Dame wurde damit eine Art Managerin für ihn. Außerdem wollte er sich bei seinen Entscheidungen nicht nur auf sein eigenes Urteil verlassen.
»Mit dieser Art von Kontrollinstanz bin ich ausgesprochen gut gefahren«, erklärte er, »es geht mir hierbei... um das Korrektiv eines nüchtern und realitätsorientiert urteilenden Menschen. Meine Anwältin hat schon Stoffe verworfen, von denen ich... restlos begeistert war... Und meist hatte sie recht mit ihren Einwänden.«
Mit dem Film *John und Mary* wollte Regisseur Peter Yates »einige ganz alltägliche Menschen und ihre vielfältigen Beziehungen« auf die Leinwand bringen. Und das war wohl auch der Grund, weshalb Dustin die Rolle des John annahm, obwohl er nicht restlos von ihr überzeugt war. Aber er hatte das Gefühl, nach schrägen Außenseitern und Verlierern wie Ratso in *Asphalt Cowboy* einmal einen positiven Zeitgenossen und noch dazu einen romantischen Lover spielen zu müssen. Allerdings äußerte er gegenüber Regisseur Peter Yates seine Skepsis im einzelnen sehr deutlich: »Dieser John ist ein Junge, der gern und gut kocht und sich gut anzieht. Und nun sieh mich an: Ich habe mich nie um Mode gekümmert und immer anders gelebt. Ich bin nicht der richtige Typ dafür.«
Doch Yates wollte ihn unbedingt haben, und außerdem kam noch hinzu, daß seine Partnerin Mia Farrow gerade durch ihre Ehe mit Frank Sinatra und den Film »Rosemaries Baby« Aufsehen erregt hatte.
Als der Film in Arbeit war, galt Mia Farrow als der neue Frauentyp, kapriziös, scheu und mit glatten Formen wie Twiggy. Leider war dieser Typ bereits out, als der Film in die Kinos kam, die Chemie zwischen Dustin und Mia zündete nicht so richtig, es wurde nicht die geplante große Liebesromanze, sondern ein schwacher Film, der beim Publikum durchfiel.
Nach einem kleinen Film wie *John und Mary* trat der Star mit einem großen wie *Little Big Man* hervor (er lief in der BRD auch einmal unter dem Titel *Weit ist die Prärie*). Dieser Film stellte für Dustin Hoffman eine große Herausforderung dar, denn er mußte sich dabei in die unterschiedlichsten Charaktere verwandeln, vom jungen Indianer in einen über 100jährigen Weißen. Das Auftragen der Maske für den Alten dauerte fünf Stunden täglich, doch besondere Probleme hatte Dustin mit der Stimme. Er studierte verschiedene alte Männer in ihrer Sprechweise, nahm alle möglichen Mittel, um eine krächzende

„Endlich ein Schauspieler und nicht nur ein Filmstar.“ ESQUIRE

Stimme zu bekommen und schrie sich vor den Aufnahmen heiser.
Dustin Hoffman mußte für diesen Film schießen und reiten lernen, und er hatte die Strapazen unterschiedlicher Drehorte durchzustehen: So fielen in Calgary/Kanada die Temperaturen unter den Gefrierpunkt, und die Dreharbeiten mußten immer wieder unterbrochen werden.
Außerdem mußten Verträge mit verschiedenen Indianer-Gruppen abgeschlossen werden, um an bestimmten Orten drehen zu können; dabei wurde den Indianern eine Mitarbeit zugesichert, so den Crows und den Northern Cheyennes in Lame Deer, Montana.
Fünf Monate hatten die Dreharbeiten gedauert, danach zog sich Hoffman nach New York zurück. Als der Film im Dezember 1970 seinen Start im Kino hatte, zeichnete sich der große Erfolg schnell ab. Die Menschen standen Schlange an den Kinokassen, um ihren Star zu sehen. Nach der *Reifeprüfung* und *Asphalt Cowboy* stand Dustin Hoffman mit *Little Big Man* ganz oben in der Gunst des Publikums und auch bei den Buchmachern des Filmgeschäfts.
Dustin Hoffman stand nun vor der schier unlösbaren Aufgabe, nach einer kurzen, aber steilen Star-Karriere das Niveau seiner bisherigen Filme zu halten und dabei auch noch erfolgreich zu sein. Daß dies

> „Ich habe als Student geboxt, gefochten und bin viel geschwommen. Ich brauche kein Muskeltraining wie Bronson oder Belmondo.“ -
> DUSTIN HOFFMAN

auch bei sorgfältigster Prüfung der Themen, Stoffe und Drehbücher nicht immer gelingen kann, liegt auf der Hand.

Dabei muß man ihm eins zugute halten: er sah sich seine Rollen sehr genau an, ehe er sich dazu entschloß, sie zu übernehmen. In jedem Fall mußten sie seinen künstlerischen Ansprüchen genügen und seinem Image sowie seinen Wertvorstellungen entsprechen, damit er sich mit ihnen identifizieren konnte.

Und so unterschiedlich sie auch auf den ersten Blick erscheinen, so lassen sich doch innere Verbindungslinien zwischen ihnen herstellen: fast immer geht es um gesellschaftliche Außenseiter, komplizierte, in sich versponnene Charaktere, Spinner, angeknackste Helden und Verlierer. Diese vielschichtigen Figuren haben ihn offensichtlich mehr gereizt als die Sunny Boys und glatten Siegertypen.

Wichtige Themen in seinen Filmen sind Männerfreundschaften, komplizierte Liebes- und Ehebeziehungen, Helden mit politischem Hintergrund, Identitäts- und Lebenskrisen.

In den siebziger Jahren entstanden zehn Filme, denen Dustin Hoffman durch seine schauspielerische Brillanz ihren Stempel aufdrückte. Nach der Großproduktion *Little Big Man* ging es in dem kleinen Streifen *Wer ist Harry Kellermann?* um die Identitätskrise eines erfolgreichen Musikers und Komponisten. *Wer Gewalt sät* thematisiert die Frage der Gewalt in unserer Gesellschaft. Hoffman als schüchterner Wissenschaftler David Sumner in einem englischen Provinzkaff wird von den Dorfschlägern so lange provoziert, bis sie auch aus ihm Brutalität herauskitzeln.

Dustin Hoffman: »Ich habe nie zuvor und auch seither nie wieder eine gewalttätige Rolle dieser Art gespielt. Aber mich hat das Neue gereizt, und ich fand auch, daß ich mich teilweise durchaus mit David identifizieren konnte. Mir geht es heute noch so, daß ich mich nicht mit der in den USA teilweise surreal intensiven Ausformung der Gewalt auseinandersetzen will – und dennoch gezwungen werde, es zu tun. Und was das tatsächlich Erschreckende an David ist: Er findet sogar stellenweise masochistisches Vergnügen an seiner Eruption. Wenn ich mich analysiere, muß ich zu meinem Entsetzen gestehen, daß manches davon sicher auch in mir steckt.«

Ebenfalls Gewalt, gepaart mit Vorurteilen und Gleichgültigkeit, waren Inhalt des Films *Stunde der Bewährung*, ein mitreißendes Melodram um einen Kleinkriminellen und die Praktiken des US-Strafvollzugs. Um diesen Film gab es Streit und Ärger während und nach der Produktion. Dustin Hoffman wurde das Recht an der letzten Montage genommen, so daß die in diesem Film formulierte Kritik an der amerikanischen Gesellschaft nicht so präzise ausfiel, wie er sich das vorgestellt hatte.

Tief in exotisch-kriminalistische Abenteuer stürzte sich Dustin Hoffman in *Papillon*, einen Straflager-Thriller aus den Fiebersümpfen von Französisch-Guayana. Dustin spielte die zweite Geige neben Steve McQueen, aber sie klingt nicht weniger virtuos als die erste, das großformatige Spektakel über Brutalität und Unmenschlichkeit, denen die Häftlinge auf der berüchtigten Teufelsinsel ausgesetzt sind, stieß bei der Kritik allerdings auf wenig Gegenliebe.

Ebenfalls ein Thriller von außergewöhnlichem Format ist *Der Marathon Mann*, ein Spionagefilm, für den der Star vorher ausgiebig Jogging-Trainig betrieb, um die zermürbenden Langstreckenläufe durchzustehen. Dieser Film, in dem sich zwei gesellschaftlich verfemte Gruppen gegenüberstehen, repräsentiert durch zwei Brüderpaare, die Nazibrüder Szell und das jüdische Bruderpaar Levy, hatte das Problem staatlichen Terrors gegenüber Randgruppen im Visier, das aber im Dschungel dieses auf Action angelegten Reißers streckenweise verlorenging.

Mit *Alfredo, Alfredo* unternahm Dustin Hoffman einen Ausflug in die italienische Gesellschaftssatire, und als amerikanischer Journalist in *Agatha* verliebte er sich in die britische Lady und Krimischreiberin. In diesem Film sollte er ursprünglich nur einen Gastauftritt haben; die Gesellschaft »First Artists« konnte ihn aber dazu überreden, die Hauptrolle zu spielen.

Ein außergewöhnliches Werk ist der authentisch gestaltete Film über den US-Nightclub-Entertainer *Lenny* Bruce, in dem sich Dustin Hoffman als Vollblutkomödiant einmal mehr politisch engagiert und gegen das amerikanische Establishment aus der Zeit des Kalten Krieges in den 50er Jahren Stellung bezieht. Diese brillante Studie aus dem Showbusiness wurde von der Kritik gefeiert und vom Publikum angenommen. Sie zählt zu Dustin Hoffmans gelungenen Erfolgsfilmen. In dieser Zeit, Mitte der 70er Jahre, trat Dustin Hoffman auch als Theaterregisseur am Broadway hervor, er inszenierte und produzierte die Bühnenrevue »All Over Town« von Murrey Schisgal mit Erfolg.

Eine weitere Glanzleistung lieferte Dustin Hoffman in *Die Unbestechlichen* ab, dem Film über den Watergate-Skandal. Als die

> **„In Wirklichkeit sind wir alle ziemlich verkorkst. Denn wir haben irgendwann mal aufgehört, Kind zu sein."**
> DUSTIN HOFFMAN

Dustin Hoffman mit seiner zweiten Frau Lisa, mit der er seit 1980 verheiratet ist.

„Er ist der feinste neue amerikanische Schauspieler.“ LONDONER TIMES

beiden Journalisten der »Washington Post« ihren Report herausbrachten, war der Star an der Verfilmung der Geschichte sofort interessiert. Doch er mußte feststellen, daß ihm ein anderer zuvorgekommen war, Robert Redford hatte die Filmrechte bereits vor ihm gekauft. Doch als Redford von Hoffmans Interesse an der Story erfuhr, rief er ihn an und bot ihm die zweite Rolle an.

Bei der Produktion dieses Politthrillers um den Sturz von Präsident Nixon gab es Konflikte und Schwierigkeiten; ein Problem bestand darin, einen komplexen, unübersichtlichen politischen Fall, der später Tausende von Akten füllte, in eine simple gradlinige Story zu verwandeln. Das ist gelungen, der Film wurde ein Riesenerfolg, auch wenn die Herausgeberin der »Washington Post« dem Filmteam bei den Vorarbeiten Ärger bereitete, weil sie Hollywood für zu unseriös hielt, um ein objektives Bild ihrer Zeitungsarbeit wiederzugeben.

Mehrmals war Dustin Hoffman, der kleine Mann mit der großen Nase, der mit Macht nach oben strebte, für den Oscar vorgeschlagen worden. Ausgerechnet mit seinem letzten Film der siebziger Jahre, Robert Bentons gekonnt und flott inszenierter Ehe-Schnulze *Kramer gegen Kramer*, gewann er dann seinen ersten Oscar.

In London war der Star im Rahmen einer Royal Performance des Films persönlich anwesend und erheiterte die Queen. Ein Freund von ihm habe seiner Frau gedroht: »Wenn du nicht mit mir in den Film *Kramer gegen Kramer* gehst, dann nehme ich unseren Sohn und reiche die Scheidung ein.«

Dem Star wurde eine Woche später der Oscar überreicht, doch seine Ehe ging in die Brüche. Inzwischen ist Dustin Hoffman seit 1980 mit seiner zweiten Frau Lisa verheiratet; die Hoffmans haben vier Kinder, wollen aber noch mehr. Dustin: »Ich habe mir von jeher eine große Familie gewünscht. Ich hoffe nur, daß die Kinder es mir nicht vorhalten, wenn ich ein alter Knacker bin.«

In den achtziger Jahren wurde Dustin Hoffmans Hang zum Perfektionismus immer dramatischer. Er stand plötzlich in dem Ruf, schwierig zu sein, ein Star, der seine Ansprüche in schwindelnde Höhen steigert – er drehte deshalb nur noch wenige Filme.

Gleichzeitig mit der Trennung von seiner ersten Frau wurde seine Mutter schwer krank und starb. Dustin besuchte sie häufig am Krankenbett; kurz vor ihrem Tod kamen sie sich erstmals näher, er entdeckte an ihr Züge, die er später in *Tootsie* auf die Leinwand projizierte.

Die Erfahrung lehrt, daß zahlreiche Stars nach dem Gewinn des Oscars Einbrüche in ihrer Karriere haben. Nicht so Dustin Hoffman. Das hing damit zusammen, daß er immer mehr dazu überging, nur Figuren zu verkörpern, die auch seinem eigenen Leben, seiner inneren Welt, entsprachen. Mit *Kramer gegen Kramer* war dies der Fall, auch wenn Dustin Hoffman in der Darstellung gewisse Abstriche hatte machen müssen. Als Ted Kramer war er zwar ein fürsorglicher Vater in der Mutterrolle, aber keine Frau. Mit *Tootsie* ging er einen Schritt weiter. Eines Tages sandte ihm Don McGuire ein Manuskript mit dem Titel »Why Would I Lie?«. Es ging bei der Geschichte um einen stellungslosen Schauspieler, dessen Agent ihm sagt: »Du suchst eine Rolle in einer Seifenoper? Ich hätte eine, das Problem ist nur, daß sie eine Frau brauchen.« Die Idee gefiel Dustin Hoffman und er gab den Entwurf an Murray Schisgal weiter, um sie in ein Filmscript verwandeln zu lassen.

Das Thema bot Hoffman Gelegenheit, seine eigenen frühen Erfahrungen in New York zu verarbeiten und über das Selbstverständnis eines Schauspielers zu reflektieren. Probleme gab es mit der Regie, zuerst sollte sie Hal Ashby übernehmen, aber weil sich die Vorarbeiten der Produktion zu lange hinzogen, stand er durch andere vertragliche Verpflichtungen nicht mehr zur Verfügung. Dann schlug jemand Sidney Pollack vor, der auch bereit war, die Regie zu übernehmen; er weigerte sich aber, Dustin Hoffman das Recht des letzten Schnitts zuzugestehen. Da Dustin den Film als sein eigenes Kind betrachtete, das ihm sehr am Herzen lag, wollte er nicht nachgeben und man einigte sich schließlich auf einen Kompromiß. Als der Film Weihnachten 1982 in die Kinos kam, bezeichnete ihn Richard Schickel von TIME als »beste Komödie des Jahres«. Der Film war aber mehr als perfekt gemachte Unterhaltung, er lieferte zugleich einen subtilen Beitrag zum Selbstverständnis der Geschlechterrollen in den frühen achtziger Jahren.

Dustins nächstem Film über das Scheitern eines kleinen Mannes, des Handlungsreisenden Willy Loman, ging eine intensive Theaterarbeit voraus. Ehe es zur Verfilmung für die Fernsehgesellschaft CBS kam, spielte Dustin Hoffman die Hauptrolle in Arthur Millers »Tod eines Handlungsreisenden« 250mal auf der Bühne in Washington, Chicago und New York.

Eines Tages erhielt Volker Schlöndorff, als er sich zufällig in New York aufhielt, einen Anruf von Dustin Hoffman; er wollte ihn als Regisseur für die Verfilmung des Stükkes verpflichten. Schlöndorff hatte die Broadwayinszenierung gesehen und war ziemlich entsetzt: »Von Anfang bis Ende wurde gebrüllt, jeder versuchte den anderen im Schaukampf zu überbieten.« Trotzdem nahm Schlöndorff das Angebot an, als Spezialist für Literaturverfilmungen *(Zögling Törleß, Blechtrommel)* reizte ihn das Thema sehr; gleichzeitig war ihm bewußt, daß die Zusammenarbeit mit dem Star kein Zuckerschlecken sein würde. Denn Dustin Hoffman griff bei der Arbeit in alles ein, »er will jedesmal Schauspieler, Autor und Regisseur zugleich sein«.

Arthur Miller war bei den Dreharbeiten ebenfalls anwesend, um schlichtend und klärend einzugreifen, wenn es Meinungsverschiedenheiten gab, und herausgekommen ist bei der Arbeit eine alptraumhafte Farce über die große amerikanische Lebenslüge, den ewigen Traum vom Aufstieg, Erfolg, Reichtum. Ungewöhnlich an der filmischen Umsetzung waren Asynchronität und Surrealismus in Schlöndorffs Konzept, der das Stück nicht plan abfilmen wollte, sondern als Bewußtseinsstrom. Denn Millers erster Titel für das Stück hieß ja »Im Innern seines Kopfes«; gemeint war der Kopf des tragischen Helden Willy Loman. Dustin Hoffman sagte in Interviews, daß ihn die Figur dieses kleinbürgerlichen Vertreters an seinen Vater erinnerte und er bei dem Stück oft glaubte, als Junge mitten in seiner Familie zu sitzen.

> „Man schimpft mich einen Perfektionisten. Ich meine, das ist doch so, als würde man auf dem Operationstisch liegen und einem wird gesagt: ‚Sie werden den Chirurgen gern haben – er ist ein umgänglicher Typ und kein Perfektionist.' Ein Perfektionist wäre mir da lieber." -
> DUSTIN HOFFMAN

„Ich genieße es, berühmt zu sein – und hoffe, daß das nicht zu eingebildet klingt. Aber die Magie, die früher von einem großen Star ausging, gehört sowieso der Vergangenheit an. Ich glaube, es war Andy Warhol, der einmal sagte, wir nähern uns dem Zeitalter, in dem jeder nur noch 15 Minuten lang berühmt sein wird.“ DUSTIN HOFFMAN

„Dustin hat ... eine wahnsinnige Angst, abzustürzen von der Höhe, auf der er ist.“
VOLKER SCHLÖNDORFF

Dustins nächster Film *Ishtar* war der einzige Flop in seiner Karriere; es geht dabei um die Geschichte zweier erfolgloser Musiker, denen ein Agent schließlich ein Engagement im »Chez Casablanca« in Marokko vermittelt. Dabei geraten sie in abstruse Revolutionsabenteuer im Wüstensand. Das Ganze sollte als grotesk überdrehte Komödie Lachkrämpfe auslösen, leider war Dustin Hoffmans Partner Warren Beatty überhaupt nicht komisch, und so ging der Film total in die Hose. Dustin Hoffman hatte allerdings nicht sein Herzblut in das Unternehmen investiert, es war vielmehr so, daß er einige Jahre nicht mehr gedreht hatte, und um seinem Ruf, »schwierig« zu sein, entgegenzutreten, kam er zu dem Entschluß, wieder einmal drehen zu müssen. Trotzdem war er getroffen und ernüchtert, als er die vernichtenden Kritiken über diesen Film zur Kenntnis nehmen mußte: »Vor *Ishtar* hatte ich keine Ahnung, daß es diesen Drang überhaupt gibt, einen Film derart kaputtzumachen.«

Mit *Rain Man* folgte dann eine Bravour-Leistung in der Karriere des kleinen Superstars: ein Werk, das wieder einmal dokumentiert, daß Dustin Hoffman immer noch die große schauspielerische Herausforderung sucht und daß er sich auch nicht scheut, schwierige, gebrochene Figuren zu spielen, Antihelden oder Menschen, die nicht auf der Sonnenseite des Lebens stehen.

Dustin Hoffman verkörpert in diesem Film einen Autisten, einen in sich gekehrten, klugen Sonderling, der eigentlich zur Kommunikation unfähig ist, schließlich aber doch in eine Beziehung zu seinem Bruder zu treten vermag.

Weshalb er die Rolle übernahm, wurde er gefragt: »Diese Figur war eine Chance, in meine eigene Vergangenheit einzusteigen und längst Vertrautes darzustellen ... Man hofft, man könnte, bevor man stirbt, noch all seine Erfahrungen auf die Leinwand bringen.«

Die Produktionsgeschichte des Films gestaltete sich äußerst schwierig. Zuerst handelte es sich bei der Figur des Raymond Babbitt um einen »normalen« geistig Behinderten; Dustin Hoffman sah zufällig einen Dokumentarfilm über autistische Menschen und wollte das in den Film einbringen. Das Drehbuch wurde dann daraufhin umgeschrieben; der Star recherchierte, diskutierte mit Ärzten das Problem des Autismus.

Dustin Hoffman und Tom Cruise hatten viel Muße für die Vorbereitung, denn während dieser Zeit arbeiteten an dem Projekt mehrere Regisseure, von denen jeder seinen eigenen Drehbuchautor mitbrachte.

Zuerst war Martin Brest bereit, Regie zu führen: er brach aber ab, um den Film *Midnight Run* zu drehen und weil er nicht an das Drehbuch von *Rain Man* glaubte. Dustin Hoffmann: »Einige Zeit später interessierte sich Steven Spielberg dafür – er war begeistert und wollte einsteigen, hatte aber damals einen Vertrag mit George Lucas über *Indiana Jones Teil 3*, den er zunächst erfüllen mußte. United Artists wollte aber nicht auf Spielberg warten.«

Dann sollte Sidney Pollack einspringen; er brachte aber zwei Autoren mit, um das Drehbuch umzuschreiben. Die Geschichte sollte von der Straße weggeholt werden und in einer Stadt spielen; und Pollack wollte die Beziehung zwischen Tom und seiner Freundin intensivieren. Dustin: »Das funktionierte nicht. Sidney sprang wieder ab. Daraufhin sagte United Artists den Film ab.«

Rain Man ist einer jener großen Hollywoodfilme, die um ein Haar gescheitert und nie in die Kinos gekommen wären. Doch eines Tages saß Dustin Hoffman mit seinen Kindern im Zirkus in Los Angeles und hinter ihm Barry Levinson, den der Star nicht persönlich kannte. Dustin: »Wir werden vorgestellt, gehen essen. Er fragt mich, was denn mit diesem *Rain Man* sei. Ich erzähle also von meinen Problemen und stelle meine Lieblingsversion des Drehbuches dar. Er ist begeistert und fragt: ›Und daran soll was nicht stimmen?‹ Ich bitte ihn also, Sidney Pollack anzurufen und von dieser Version zu überzeugen. Aber bevor er das tun kann, sagt Diana, Barrys Frau: ›Den Film mußt du selbst machen!‹«

Der Erfolg von *Rain Man* hatte sich in den USA bereits angekündigt, als der Film am 16. März 1989 in die deutschen Kinos kam. Im selben Monat gewann Dustin Hoffman in der Glitzerstadt Hollywood für seine Darstellung des *Rain Man* seinen zweiten Oscar. Der Glanz wurde allerdings getrübt, denn Dustin verkündete mit stokkender Stimme auf dem Podium, während er die Trophäe in Empfang nahm, daß sein Vater gerade einen Schlaganfall erlitten hätte und jetzt auch zu den Behinderten gehöre.

Dustin Hoffman: »Er sitzt jetzt im Krankenhaus mit anderen Patienten im Smoking vor einem geliehenen Fernseher. Und sie trinken Champagner aus Bechern.«

Rain Man gewann außerdem noch zwei weitere Oscars für die Regie (Barry Levin-

son) und das Drehbuch (Ronald Bass und Barry Morrow).
Zu *Rain Man* ereignete sich eine kuriose Geschichte am Rande: der Film wird an Bord von 15 Fluggesellschaften bei großen Flügen nur in einer zensierten Fassung gezeigt. Geschnitten wurde eine vierminütige Szene, in der Dustin Hoffman seine Flugangst begründet und Flugzeugabstürze detailgenau aufzählt, mit Maschinentyp, Fluggesellschaft und Anzahl der Opfer. Nur bei der australischen Quantas kann man den Film ungekürzt sehen, da eine Maschine dieser Gesellschaft angeblich noch nie abgestürzt ist.

Der großartige Erfolg des Films katapultierte Dustin Hoffman über Nacht wieder ganz nach oben in der Beliebtheitskurve der Superstars. Immerhin war er insgesamt in nur vier Filmen in den achtziger Jahren aufgetreten, und auch der größte Kinoheld gerät in einer schnellebigen Epoche wie dieser in Vergessenheit, wenn er sich nicht ständig neu sehen läßt und beweist.
Der bislang neueste Film von Dustin Hoffman, der zur Zeit entsteht, hat den Originaltitel *Family Business*; es handelt sich dabei um eine große amerikanische Familiensaga, in der Ex-James-Bond Sean Connery das Oberhaupt des Clans, den Patriar-

„Man fängt an zu trinken, nimmt Drogen oder wird süchtig nach Sex. Geschieht das alles nicht aus dem gleichen Grund? Weil man einfach älter wird, nicht sterben will.“ -
DUSTIN HOFFMAN

Dustin Hoffman als Shylock am Londoner Phoenix Theatre.

> **„Ich bin beileibe nicht der einzige Schauspieler, der nicht groß, schlank und schön ist. Aber das ist der Trend. Wir sind heute alle ganz schön unansehnlich.“**
> DUSTIN HOFFMAN

chen der Familie McMullen verkörpert, sein Sohn Vito wird von Dustin Hoffman gespielt, der mit einer jüdischen Frau verheiratet ist und das eigentliche Unternehmen, einen großen Fleischmarkt, leitet. Die Rolle von Dustins Sohn übernimmt Hollywood-Jungstar Metthew Broderick. Der Film soll im November 1989 in die Kinos kommen.

Am Nachmittag des 1. Juni 1989 nahte in London ein Ereignis, auf das das Showbusiness lange gewartet hatte. Dustin Hoffman spielte im »Phoenix Theatre« mit einer Shakespeare-Company die Titelrolle im »Kaufmann von Venedig«, den Shylock, eine große Gestalt des Welttheaters. Ein schmaler kleiner Mann im schwarzen Kaftan, die Haare straff zurückgekämmt unterm Judenkäppi – Dustin Hoffman interpretiert diese Figur ganz modern ohne Melodramatik oder Larmoyanz, als Underdog, der durch Zähigkeit, Witz und Energie aufgestiegen ist.

In der »ZEIT« vom 9. 6. 1989 schrieb der Kritiker Peter von Becker über den Bühnenauftritt des Kinostars, der zu einem gesellschaftlichen Ereignis ersten Ranges wurde: »Wieder hat sich der Verwandlungskünstler spielerisch ein Stück fremder Identität erworben. Dustin Hoffman, selbst kalifornischer Jude, unterlegt seiner dem englischen Shakespeare-Tonfall angenäherten Stimme unaufdringlich einen New Yorkerisch jüdischen Akzent. Freilich führt er die Figur mit einer coolen, trockenen Prägnanz vor, ohne Gefühligkeit oder eingängige Psychologismen. Nur zwei- oder dreimal erlischt sein ironisches Spielerlächeln . . .«. Der englischen Presse fehlte in ihren Rezensionen der dämonische Shylock; der »ZEIT«-Kritiker allerdings fand, daß die britischen Shakespeare-Komödianten nichts als Wohl- und Hohltöne produzierten und die einzig wahre Sensation des Theaterabends Dustin Hoffman gewesen sei, der sich von einem kleinen bösen Wolf in einen traurigen Clown verwandelt habe.

DIE FILME

Erklärung der Abkürzungen:

R:	Regie
B:	Drehbuch
K:	Kamera
M:	Musik
Sch:	Schnitt
P:	Produzent
D:	Darsteller

THE TIGER MAKES OUT THE TIGER MAKES OUT

ROLLE Diese Filmrolle von Dustin Hoffman wäre nicht der Rede wert, wenn es nicht seine erste wäre. Man erkennt ihn kaum, und er hat auch wenig zu sagen als Beatnik-Lover. In der Besetzungsliste wird er an 19. Stelle geführt. Doch schon im nächsten Film übernimmt er die Hauptrolle.

STORY New York, Greenwich Village: Der Briefträger und Querulant Ben kann es nicht glauben, daß die sexuelle Revolution ausgerechnet an ihm spurlos vorübergeht. Er raubt eine Frau der besseren Gesellschaft, um seiner Wut an der Society Ausdruck zu geben. Da die frustrierte Dame aber die Welt, so wie sie ist, und ihre Ehe im besonderen auch indiskutabel findet, kommt ihr das »Abenteuer« gerade recht.

STAB

USA 1967 – 94 Minuten – R: Arthur Hiller. B: Murray Schisgal. K: Arthur J. Ornitz. M: Milton Rogers. Sch: Robert C. Jones. P: George Justin. D: Eli Wallach, Anne Jackson, Bob Dishy, John Harkins, Dustin Hoffman.

ZWEI NUMMERN ZU GROSS UN DOLLARI PER SETTE VIGLIACCHI / MADIGAN'S MILLIONS

ROLLE

Der tolpatschige Spezialagent Jason Fister ist eine jener Figuren, die vor lauter Übereifer ständig alles falsch machen und dabei in eine Kette unerklärlicher Karambolagen verwickelt werden. Dustin Hoffman kann zum erstenmal vor der Kamera sein clowneskes Talent entfalten, er grimassiert und gestikuliert auf römische Art, wirkt zwischendurch sogar introvertiert, ohne aber seine subtilen Zwischentöne einbringen zu können.

STORY

Dustin Hoffman als Agent des US-Schatzamtes kommt inkognito nach Italien, wo er eine Sondermission zu erfüllen hat. Der Ex-New-Yorker Mafioso Mike Madigan ist in Rom auf offener Straße tot zusammengebrochen; man vermutet, daß er eine Million hinterzogener Steuergelder irgendwo vergraben hat. Aber wo? Dustin macht alles verkehrt, verwechselt den römischen Kommissar mit einem Gangster, zieht die Ganoven bei seiner Suche nach der Million an und macht die aufregende Bekanntschaft des Starletts Elsa Martinelli, die angeblich Madigans Geliebte war. Ein blutiger Apfel spielt neben Dustin eine Hauptrolle, in einem Aktenschrank liegt ein Geheimnis, und bei der finalen Knallerei auf der Via Veneto zwischen Polizei, Gangstern und dem Spezialagenten fliegt viel Blei durch die Luft.

STAB

Italien/Frankreich 1967 (der Film kam in den USA erst 1969 in den Verleih) – 87 Min. – R: Stanley Prager. B: Jim Henaghen, J. L. Bayonas. K: Manolo Rojas. M: G. Gregory Segura. Sch: Antonio Ramirez. P: Sidney Pink. D: Dustin Hoffman, Cesar Romero, Elsa Martinelli, Gustavo Rojo, Fernando Hilbeck.

Spezialagent Jason Fister (Dustin Hoffman) mit der Gangsterbraut (Elsa Martinelli).

DIE REIFEPRÜFUNG

THE GRADUATED

ROLLE Er wirkt verträumt, verwirrt und nicht wie ein Junge aus den besseren Kreisen, der im Football als Quarterback brilliert und später mit Sicherheit Volkswirtschaft studieren wird. Er scheint ständig abwesend, als hätte er keinen festen Boden unter den Füßen; kein Wunder, daß er mit dem Taucheranzug im Pool immer tiefer abdriftet.

Dustin Hoffman war in Wirklichkeit schon dreißig, als er den einundzwanzigjährigen College-Boy Benjamin Braddock verkörperte – und er wirkt keinen Tag älter. Seine unergründlich braunen Augen blicken scheinbar devot auf die Herrschaften, die ihm jovial wertlose Ratschläge erteilen, zu denen Benjamin keine Miene verzieht. Er sagt dazu nur mit ernstem aufmerksamem Gesicht: »Ja, Sir!« Und nichts deutet darauf hin, daß er sich nicht doch ein paar eigene unfreundliche Gedanken macht. Seine Augen verraten Ahnungslosigkeit und zugleich blitzen sie ein wenig altklug, als wüßten sie bereits alles. Zumindest scheinen sie zu sagen, daß diese Welt kein Zuckerschlecken ist.

Die hübsche Elaine (Katherine Ross) will er zuerst gar nicht treffen, doch je heftiger es ihm die abgebrühte Mutter verbietet, um so mehr reizt es ihn dann doch.

Mrs. Robinson, die frustrierte sexbesessene Mittelklassefrau, benutzt ihn wie einen Kleiderständer, und Ben, zuerst widerstrebend, verheddert sich am Reißverschluß und an der grotesken Situation. Die Dame, eiskalt und wortfaul, rechnet nicht mit seinem plötzlichen Aufbegehren; doch in dem Augenblick, als er die totale Kommunikationslosigkeit durchbricht, wirkt er plötzlich überlegen. Trotzdem dauert es eine Weile, bis er begreift, daß er die Tochter liebt und nicht die Mutter, die ihn nur anödet.

Das Aufmüpfige und Verquere des Charakters liegt schon in seinem Gang; er ist wenig elegant, stolpernd, trotzig. Seine kurzen Beine bewegen sich hastig, nicht sonderlich entspannt, als müßten sie gegen die Verhältnisse an – und dem Glück hinterherrennen.

STORY Ben hat gerade einen glänzenden Abschluß auf dem College gemacht und nun kommt er nach Hause und weiß nicht, was er tun soll. Das wissen aber seine Eltern, die enorm stolz auf ihn sind und ihren Sohn den geschwätzigen Mittelklassefreunden auf einer rauschenden Party vorstellen. Ben flüchtet auf sein Zimmer, wohin ihm die attraktive Mrs. Robinson folgt, eine Frau in mittlerem Alter; sie bittet ihn, sie nach Hause zu bringen, wo sie den verwirrten jungen Mann mit einem eindeutig erotischen Verführungsversuch aus dem Gleichgewicht bringt. Er kann sich gerade

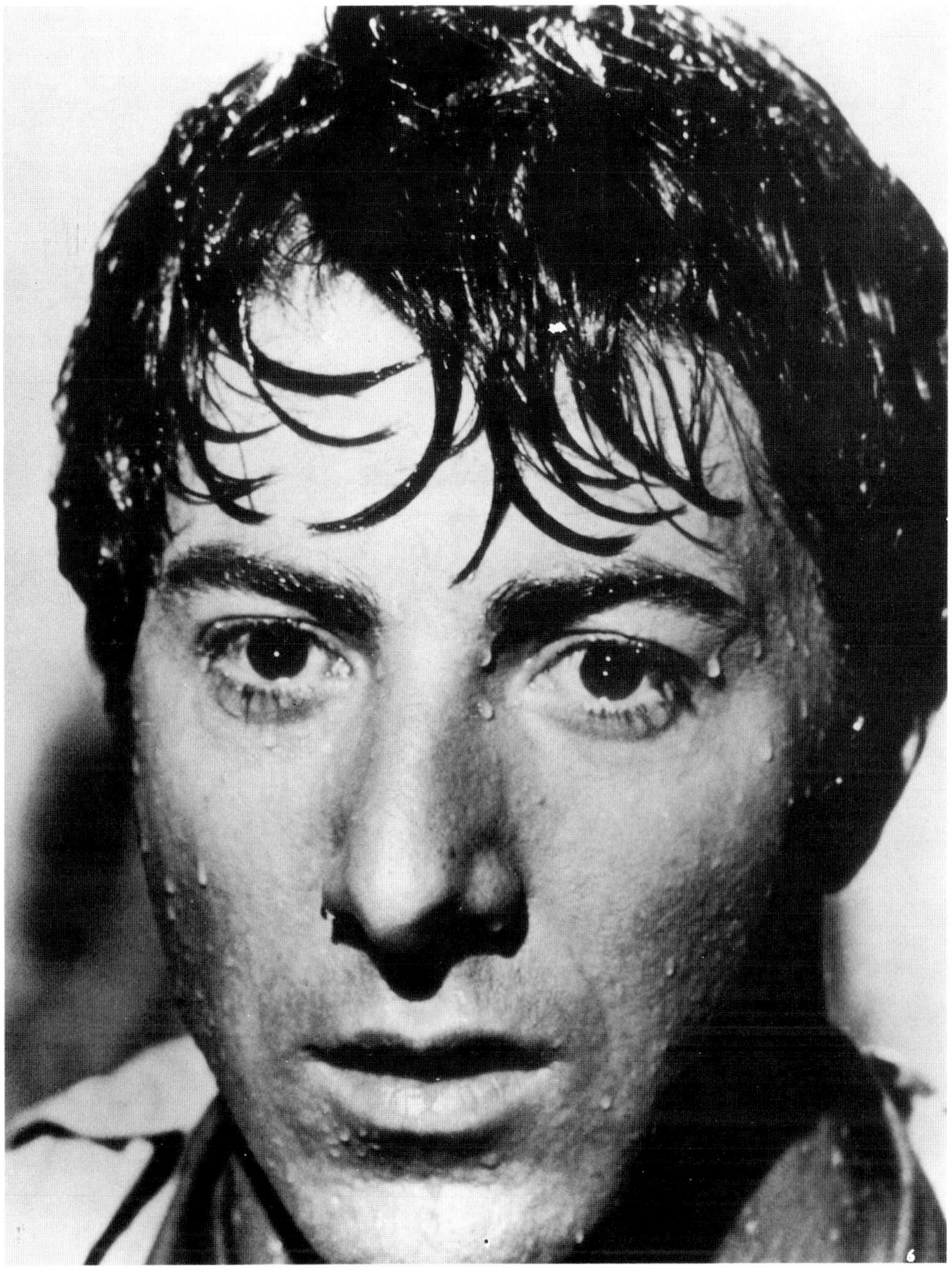

Elaine will nichts mehr von ihm wissen, als sie das schreckliche Geheimnis erfährt, das Ben (Dustin Hoffman) mit ihrer Mutter verbindet – doch er gibt nicht auf; und irgendwann bekommt er heraus, daß er ihr nicht gleichgültig ist.

Der Junge, der aus dem Regen kam, um seiner Freundin die Wahrheit über ihre Mutter zu sagen und über die seltsame Affäre, die ihn mit ihr verbindet. Ben sieht verzweifelt aus, aber auch wie einer, der endlich die Initiative ergriffen hat.

Beim ersten Rendezvous stößt er Elaine durch den Besuch eines Striptease-Lokals vor den Kopf – dann verliebt er sich in sie.

noch in Sicherheit bringen, da taucht unerwartet Mr. Robinson auf, der ihm den väterlichen Rat gibt, sich doch erstmal »die Hörner abzustoßen«, ehe er etwas Neues beginnt.

Irgendwie juckt Ben die Sache aber doch, und sein linkischer Versuch, mit der Dame in einem Hotel aufs Zimmer zu gehen, hat Erfolg, auch wenn er vorher beinahe auf der falschen Party gelandet wäre.

Als Ben Elaine, die Tochter von Mrs. Robinson, kennenlernt, verliebt er sich in das Mädchen – doch ein quälendes Geheimnis liegt zwischen ihnen. Ben sagt Elaine die Wahrheit, und sie verabscheut ihn dafür. Danach liegt Ben tagelang wie betäubt am elterlichen Swimmingpool herum; er ist völlig desorientiert.

Elaine geht nach Berkeley zurück, um ihr Studium fortzusetzen und einen Studenten namens Carl zu ehelichen. Da ergreift Ben die Initiative; in seinem roten Alfa-Romeo-Sportflitzer folgt er der Angebeteten nach Berkeley, und es gelingt ihm, sie zu treffen. Seinen Heiratsantrag will sie aber spontan nicht annehmen. Als dann die Hochzeit zwischen Elaine und Carl schnell über die Bühne gehen soll, verhindert Ben dies mit einem Husarenstreich; er dringt während der Zeremonie in die Kirche ein, überwältigt in einem Handgemenge zuerst den Vater, zerrt dann Elaine aus den Händen von Mrs. Robinson und flüchtet mit der Braut; in einem Bus fahren Ben und Elaine zuerst strahlend, dann nachdenklich, einer ungewissen Zukunft entgegen.

Der Film zeichnet satirisch die Gesellschaft der sechziger Jahre; doch obwohl er

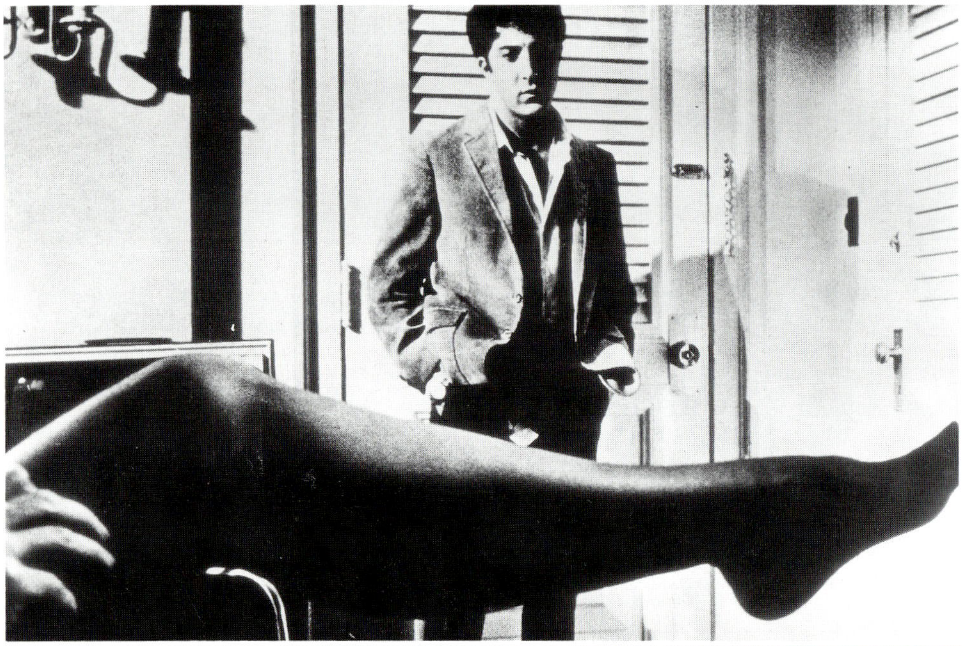

Eine der raffiniertesten Bildmetaphern für »Verführung«, die Hollywood je erfunden hat. Ungewöhnliche Blickwinkel der Kamera verstärken die grotesk-komischen Effekte des Films.

immer wieder als Film der Revolte, als Sinnbild einer neuen Jugend interpretiert wurde, behandelt er nur das ewige Thema des Generationenkonflikts.

Ben ist ein jugendlicher Außenseiter, der mit seinen Altersgenossen Probleme hat, besonders aber mit den Eltern, dem verkrusteten selbstgefälligen Establishment der sechziger Jahre. Eine Szene am Beginn macht dies deutlich: Bei der Fête zu Bens 21. Geburtstag soll er seinen neuen Taucheranzug präsentieren; man sieht zuerst

Mrs. Robinson (Anne Bancroft) bittet Ben, ihr den Reißverschluß zu öffnen, den Rest besorgt sie selbst.

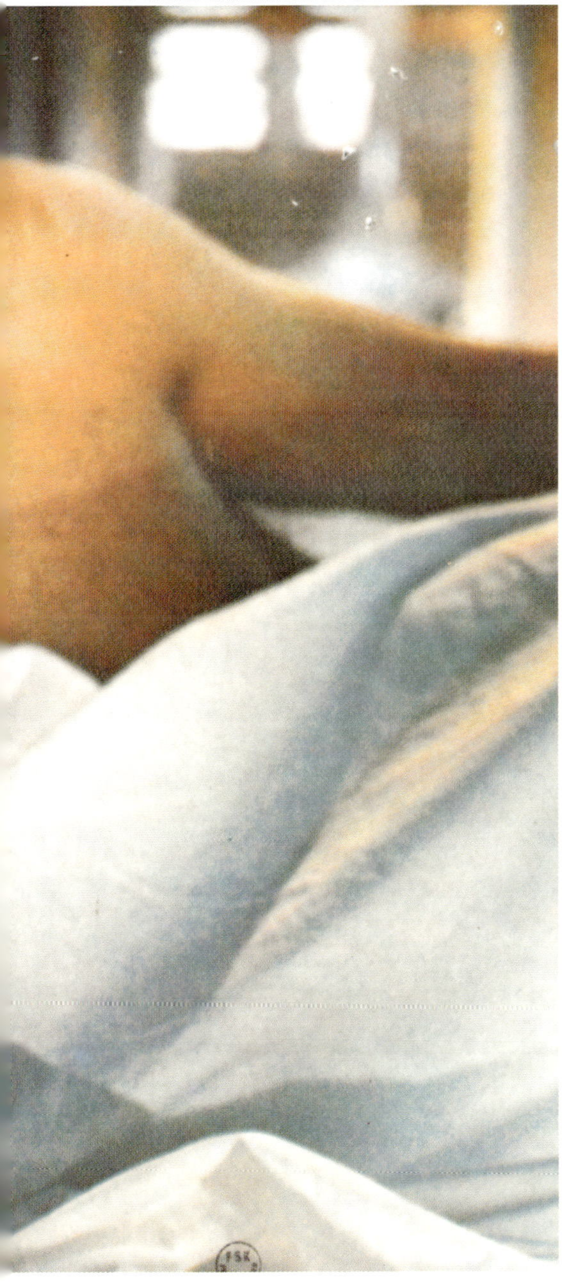

den Vater am Swimmingpool, der wortreich und stolz den Sohn ankündigt, dann die amüsierten Gäste. Die Tür öffnet sich und Ben erscheint wie ein Außerirdischer im Taucheranzug. Als der Junge dann in den Pool steigt, wechselt die Kameraperspektive – man sieht die Dinge plötzlich schwankend durch das enge Glas seiner Taucherbrille, der Ton der Außenwelt ist weg, und als Ben untertaucht, scheint er nie mehr hochzukommen. Eine Sequenz, die seine Isoliertheit eindringlich in Bildsprache übersetzt.
Ein weiteres Beispiel: Ben wird in der ersten Einstellung des Films aus einer Gruppe von Menschen durch einen langen Zoom herausgeholt; er wirkt einsam unter den vielen. Auch im letzten Bild in der Zweisamkeit mit Elaine scheint er allein in seiner eigenen Welt gefangen, auch wenn dieser Eindruck durch kurze Glücksmomente überstrahlt wird.

Die kühle Lady und der unbedarfte Junge oder – die gelangweilt-eiskalte Mittelklassefrau und der verführte College-Boy. Monatelang treffen sie sich heimlich im Hotel, um »es zu tun«; zu einem Gespräch kommt es nur ein einziges Mal, als Ben Mrs. Robinson unangenehme Fragen stellt.

STAB

USA 1967 – 105 Min. – R: Mike Nichols. B: Calder Willingham, Buck Henry; nach einem Roman von Charles Webb. K: Robert Surtess. M: Dave Grusin. Songs: Simon & Garfunkel. Sch: Sam O'Steen. P: Lawrence Turman, Mike Nichols, Joseph E. Levine. D: Anne Bancroft, Dustin Hoffman, Katherine Ross, William Daniels, Elisabeth Wilson, Brian Avery, Murray Hamilton, Walter Brooke.

Ben rennt seinem Glück hinterher, als er erfährt, daß Elaine einen langweiligen Studenten heiraten soll. Fast scheint es zu spät zu sein, die Zeremonie läuft bereits, als er in der Kirche auf die Empore stürzt; doch sein Geschrei sprengt die Hochzeit – und es gelingt ihm, Elaine vom Altar weg zu »entführen«: ein verrücktes Happy End.

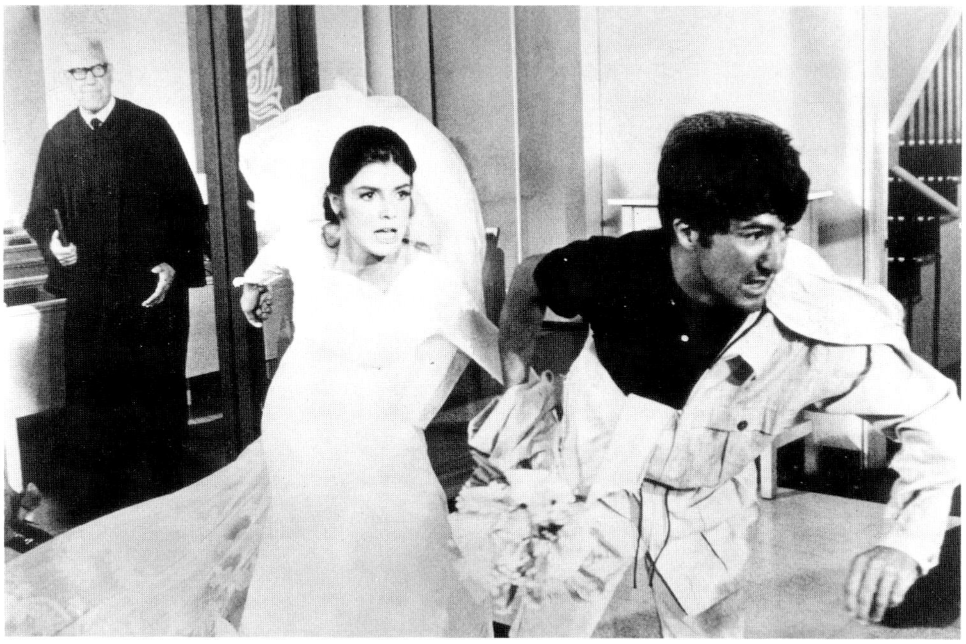

DAS GEHEIMNIS DES ALTEN HAUSES

A VERY SQUARE ROOM

ROLLE

In dieser Pilotsendung des amerikanischen Fernsehens der Reihe »Higher and Higher«, die dann nie zustande kam, wollte man einmal einen sympathischen Vertreter des Rechts zeigen: Dustin Hoffman spielt die für ihn recht ungewöhnliche Rolle des Anklägers Arthur Greene.

STORY

Doug Payson steht im Verdacht, die reiche Verlegerin Rachel Manning in ihrer Villa ermordet zu haben. Das Dienstmädchen hat Payson zur Tatzeit gesehen, weiteres belastendes Material wird gefunden. Auch ein Motiv ist vorhanden. Payson unterhielt eine Beziehung zur Stieftochter der Verlegerin, die dieser mißfiel. Ankläger Greene scheint alle Trümpfe in der Hand zu haben, trotzdem nimmt die Verteidigung die Herausforderung vor Gericht an.

STAB

USA 1968 – 45 Min. – R: Paul Bogart. D: John McMartin, Sally Kellerman, Robert Foster, Marie Masters, Dustin Hoffman. (Der Film lief am 13. 2. 1975 im deutschen Fernsehen, ARD.)

ASPHALT COWBOY

MIDNIGHT COWBOY

ROLLE Ratso Rizzo ist eine verkorkste Existenz, klein, hohlwangig, auf dreckige Art unrasiert, ein Kerl aus der Gosse oder was man so den »Abschaum« nennt. Die Verzweiflung steht ihm buchstäblich im Gesicht geschrieben. Sein Leben spielt sich in Manhattan rund um die 42nd Street ab, einem Bezirk, in dem Laster, Gewalt und schwarzer Humor zu Hause sind; hier kann man sich nur über Wasser halten, wenn man mit den Spielregeln vertraut ist. Dennoch verbirgt sich auch hinter Ratso ein lebendiger Mensch mit Hoffnungen und Träumen, die jedoch an der täglichen Großstadtrealität immer wieder zerbrechen. Doch seit der großmäulige, etwas einfältige blonde »Cowboy« aus Texas mit Ratso befreundet ist, gibt es auch in seinem tristen Leben gelungene Coups, kurzfristige Erfolgsmomente.

STORY Der blonde, hochgewachsene Joe Buck besteigt eines Tages einen Bus in der Provinz, um nach New York zu fahren, wo er sein Glück als Mann für gewisse Stunden machen will. Dafür investiert er den letzten Dollar, den er als Tellerwäscher verdient hat, in nagelneue Cowboy-Kleidung. Doch es gelingt ihm kaum, die Damen der Metropole zu beeindrucken, statt dessen läuft ihm der abgerissene Ratso über den Weg, eine ausgebuffte Type aus der Bronx, die sich mit faulen Tricks durch den Sumpf der Großstadt mogelt. Ratso ist kränklich, miesgelaunt, er humpelt durch die Straßen, weiß aber, wo's langgeht. Joe's Optimismus wird schnell gedämpft, als er die erste Pleite mit dem Karriere-Girl Cas erlebt, das ihm das letzte Geld abnimmt. So tut er sich mit Ratso zusammen, der ihn »managt«, und schließlich findet er auch einige Damen, mit denen er ins Geschäft kommt; er muß allerdings auch Angebote von der Ge-

Joe und Ratso versuchen, eine wichtige Adresse zu entziffern.

Mit kleinen Diebstählen und faulen Tricks versucht er sich über Wasser zu halten. Ratso (Dustin Hoffman) ist immer auf der Flucht in den Straßen von Manhattan.

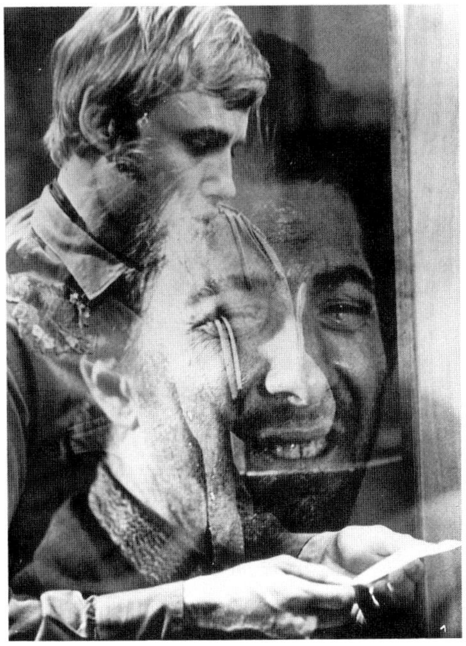

Spiegelung einer Freundschaft: Cowboy Joe (Jon Voight) und Stadtstreicher Ratso.

Neue Ideen und Einfälle, wie man ein Ding drehen könnte, entstehen immer in Ratsos Kopf.

Die Verzweiflung steht ihm im Gesicht geschrieben. Joe tröstet seinen neuen Freund.

Die abgebrühte Shirley (Brenda Vaccaro) ist von Joes »Künsten« nicht sonderlich beeindruckt.

Neues Spiel, neuer Einsatz – doch wenn es nicht gleich klappt, muß man dem Glück halt ein wenig nachhelfen.

genseite annehmen, auch wenn ihm gleichgeschlechtliche Liebe wenig liegt. Auf einer verrückten Andy-Warhol-Party lernt Joe die Mittelklasse-Frau Shirley kennen; sie ist zwar wenig beeindruckt von seiner Potenz, vermittelt ihn aber an ihre schicken Freundinnen weiter. Ratso richtet ihn immer wieder auf, wenn Joe aufzugeben droht, obwohl es ihm selbst beschissen geht. Der tuberkulöse Stadtstreicher, der Joe aus mancher Verlegenheit hilft, möchte nicht das düstere Schicksal seines Vaters erleiden; vielmehr hat er vor, Geld für eine Reise nach Florida zusammenzukratzen, um dort mit Kokosnußmilch, Honig und Sonne seine Gesundheit wiederherzustellen. Ratso und Joe werden Freunde, und eines Tages haben sie das Kapital für den Ausflug in den Süden »gespart« – leider wird es Ratsos letzte Reise.

STAB USA 1969 – 113 Min. – R: John Schlesinger. B: Waldo Salt, nach einem Roman von Leo Herlihy. K: Adam Holender. M: John Barry. Sch: Hugh A. Robertson. P: Jerome Hellman, John Schlesinger. D: Dustin Hoffman, John Voight, Sylvia Miles, John McGiver, Brenda Vaccaro, Barnard Hughes, Ruth White, Jennifer Salt, Viva.

JOHN UND MARY

JOHN AND MARY

ROLLE

John (Dustin Hoffman) und Mary (Mia Farrow) beim gemeinsamen Frühstück.

Dustin Hoffman hat exzentrische, chaotische, abseitige Charaktere gespielt, die verrücktesten Typen, Verlierer und Außenseiter – und so erscheint es absolut verständlich, daß er auch einmal die Herausforderung des klassischen Repertoires annehmen und einen romantischen Liebhaber darstellen wollte. Er interpretiert den »Lover« einfühlsam, verspielt, mit feinen Zwischentönen; er drückt Emotionen durch Gesten, Blicke, ein Lächeln und mit anderen nonverbalen Mitteln aus. Nie kommt der Macho zum Vorschein, der er nicht ist, vielmehr ein Hobbykoch, ein Skeptiker, der spontan reagieren kann. Daß der Film ein Flop wurde, lag nicht an Dustin Hoffmans individuellem Ausdruck, sondern an den durch das Drehbuch eindimensional angelegten Figuren, die zu wenig Überraschungen entfalten konnten, in einem Film, der so leer ist wie eine Bar am Montagmorgen.

STORY

Nichts kann so deprimierend sein, wie am Morgen im Bett mit einem fremden Gesicht neben sich zu erwachen. In diesem Fall trifft das Schlimmste nicht zu; während er für sie das Frühstück bereitet, rekonstruieren beide den vergangenen Abend bruchstückhaft.
Sie hatten sich in einer Bar für Singles in Manhattan kennengelernt und waren später in Johns Apartment gegangen, »um Schallplatten zu hören«.

In Dialogen und Rückblenden zeichnet sich Stück für Stück ihre Vergangenheit ab; beide haben gerade eine unglückliche Beziehung hinter sich. Mary mit einem Karriere-Politiker, der Frau und Kinder wegen ihr nicht verlassen wollte, John mit einem überdrehten Mannequin, das nicht kochen konnte. Deshalb agieren beide recht vorsichtig und wollen es vermeiden, eine neue Verbindung einzugehen. Als John schließlich die Wohnung verläßt, um auf eine Par-

An der Bar bei einem Bier kommt man ins Gespräch, wird es nur ein Flirt, eine Liebesaffaire oder bleibt es beim Small talk?

kennen und seine feine Gattin, die scharf wie ein Rasiermesser ist und darauf besteht, ihm eigenhändig die Freuden einer Badewanne zu erklären. Jack schließt sich dem Arzneimittelhändler und Scharlatan Merriweather an, der ihn übers Ohr haut. Bei einem Überfall wird er um ein Haar »geteert und gefedert«, bis sich herausstellt, daß seine Schwester Caroline, nun eine gefürchtete Gunlady, die Anführerin ist. Von ihr und dem dumpfen, humorlosen Profikiller »Wild Bill Hickok« soll er die Kunst des Schießens erlernen, doch Jack begreift, daß Töten nicht seine Sache ist. Er heiratet statt dessen, und als er mit der Postkutsche unterwegs ist, wird sie von Indianern überfallen und seine Frau entführt. Er findet sie nicht wieder.

Jack schließt sich den Truppen General Custers an; beim Angriff auf ein Indianerdorf wird sein roter Freund »Shadow That Comes in Sight« erschossen; Jack ist untröstlich und beschließt, Shadows Witwe Sunshine zu versorgen und zur Squaw zu nehmen. Sie ziehen zu den Cheyenne in das »Washita Territory«, das die US-Regierung dem Stamm zur Verfügung gestellt hat. Doch General Custer läßt seine Gewehre wieder einmal sprechen, und bei dem Gemetzel verliert Jack erneut seine Frau; er kann mit »Großvater« Old Lodge Skin fliehen und ist nur noch von dem Gedanken beherrscht, Custer zu töten. Der läßt ihn jedoch um ein Haar wegen Verrats hängen; später gelingt es Jack, sich mit einem Messer bewaffnet ins Zelt des Generals zu schleichen, aber er bringt es nicht fertig, ihn zu erstechen.

„Physisch bin ich ein Feigling. Prügeleien gehe ich aus dem Weg. Aber bei einem Boxkampf sitze ich in der ersten Reihe.“ -
DUSTIN HOFFMAN

Jack kommt immer mehr herunter, er hat alles verloren, wird Hobo, Trinker und Falschspieler. Als Custers Truppen zum Little Big Horn reiten, schließt er sich ihnen als Kundschafter an, obwohl er weiß, daß die Gegend von Indianern umstellt ist. Custer und seine gesamte Armee finden den Tod, Jack Crabb kommt durch, weil ihm »Younger Bear« das Leben rettet.

»Little Big Man« ging als einer der großen epischen Spätwestern, der die Legende des Westens neu formulierte und interpretierte, in die Filmgeschichte ein. Der Film muß aus dem Geist seiner Zeit heraus gesehen werden, er stellt eine direkte Reaktion auf Amerikas Revolte Ende der sechziger Jahre dar, auf Flower Power, Vietnam und Rassismus. So wie früher der Hollywoodfilm die Indianer jahrzehntelang als »wilde Bestien« einseitig verteufelt hat, werden sie nun von Regisseur Arthur Penn romantisiert. Dem weißen Amerika reißt er die Maske vom Gesicht, die Figuren des Films stehen stellvertretend für gesellschaftliche Schichten: der Pfarrer für die christliche Heuchelei und Scheinheiligkeit, der Händler für kapitalistisch unlautere Geschäftemacherei, der Gunman für das selbstgerechte Law-and-Order-Establishment und Custer für Militarismus und Rassismus. Sind die weißen Amerikaner Rassisten, weil sie aus purer Lust am Töten Menschen umbringen? Der Film über ein traumatisiertes und desorientiertes Amerika löste Bestürzung und heftige Diskussionen aus. Die Indianer als die »Ausgebeuteten« wurden idealisiert, und Dustin Hoffman als Jack Crabb war das Aushängeschild des

Nach einem Massaker, das General Custer unter den Indianern veranstaltet, wird Jack Ehemann einer indianischen Squaw mit dem Namen Sunshine (Amy Eccles).

STAB USA 1971 – 108 Min. – R: Ulu Grosbard. B: Herb Gardner. K: Victor J. Kemper. M: Shel Silverstein. Sch: Barry Malkin. P: Herb Gardner, Ulu Grosbard. D: Dustin Hoffman, Barbara Harris, Jack Warden, David Burns, Dom De Luise, Betty Walker, Rose Gregorio, Amy Levitt, Joe Sicari.

Der Sänger und Komponist (Dustin Hoffman) schlittert in die Midlife-Crisis.

WER GEWALT SÄT

STRAW DOGS

ROLLE Dustin Hoffman spielt den abgehobenen, in seine Ideen versunkenen Gelehrten, der sanftmütig und naiv mit seinen braunen Augen die Menschen und die Welt betrachtet.

Die Realität des Alltags erscheint ihm fremd. Seine Frau, eine kokette Blondine im Minirock, mit runden Brüsten und Hüftschwung, versteht ihn überhaupt nicht. Im Gegenteil, sie hält ihn für einen Feigling.

Der junge Astrophysiker kann seiner naiven Frau nicht verständlich machen, woran er arbeitet (Dustin Hoffman, Susan George).

Man sieht ihn zum erstenmal mit einer großen Einkaufstüte unter dem Arm, wie er unter den rohen Gesichtern des Dorfes auftaucht. Er weiß noch nicht, wie er die Menschen finden soll. Doch er ist von Anfang an ein Fremdkörper in dem Ort, man spürt an seiner Mimik, seinen eckigen Körperbewegungen, daß er sich hier nicht wohlfühlt. Er braucht lange Zeit, bis er endlich begreift, wie häßlich, gemein und brutal die Menschen hier sind. Soviel Niedertracht konnte er sich bisher nicht vorstellen. Irgendwann geht diese unglaubliche Wandlung in ihm vor. Noch weiß er nicht, was mit seiner Frau passiert ist, aber er fühlt sich jetzt so provoziert und gedemütigt, daß er bald handeln wird. Er weiß es nur selbst noch nicht. Aus dem weltfremden Wissenschaftler wird der verbissene kleine Terrier, der den Kampf aufnimmt und sich in seine Gegner verbeißt. Da sie nicht mit Intelligenz gesegnet sind, dauert es lange, bis sie begreifen, daß er jetzt so gefährlich ist wie eine scharfe Rasierklinge. Gewalt erzeugt Gegengewalt. In Dustins trotzigem Blick leuchtet zwischendurch Triumph auf, als er seine Feinde nacheinander mit List, Einfallsreichtum und dem Mut des mit dem Rükken zur Wand Gedrängten erledigt. Das Ende ist absurd – er hat zwar in der Schlußsequenz nicht die Ehre seiner Frau gerettet, aber wenigstens das Leben des Dorftrottels.

STORY

Der junge amerikanische Mathematiker David Sumner hat sich mit seiner kessen, blonden Frau Amy in ein abgelegenes englisches Dorf in Cornwall zurückgezogen, um ungestört eine wissenschaftliche Arbeit beenden zu können.

Er beschäftigt vier Männer, die Dachdekkerarbeiten für ihn verrichten, sich gleichzeitig aber als die Rohlinge und Schläger des Dorfes entpuppen, die ihn pausenlos provozieren. Alle Vorurteile, die einen Fremden in der Provinz erwarten können, begegnen David Sumner. Nicht nur, daß er Amerikaner ist und nicht von »hier«, er hat auch noch einen Beruf, den keiner begreift: Astro-Mathematiker. Einer meint, er sei »Rechenlehrer«, das ist das Äußerste an geistigem Vermögen, was den Leuten vom Dorf zur Verfügung steht. Dustin ist Lichtjahre von den Männern des Dorfes entfernt, die ihn – selbst leicht debil – für einen Idioten halten. Sie sind chauvinistisch, selbstsicher und in der Überzahl; jedenfalls geben sie einem Fremden keine Chance.

Besonders erregend finden die Dorfburschen die sinnlich-verspielte Frau Davids, die allerdings ihre Reize auch freigebig zur Schau stellt. Ein latentes Klima der Gewalt stellt sich ein, das seinen ersten Höhepunkt erreicht, als Amy eine strangulierte Katze im Kleiderschrank ihres Schlafzimmers findet. Dann laden die jungen Burschen David zu einem »Jagdausflug« ein, um ihn von seinem Haus wegzulocken. In der Zwischenzeit vergewaltigen zwei von ihnen seine Frau.

Während eines Dorffestes erwürgt der Dorftrottel Henry Niles, ohne es zu wollen, ein junges Mädchen, das ihn ständig sexuell provoziert hat. Bald spricht es sich herum, daß Henry der Mörder ist. Er flieht und läuft David nachts ins Auto, dabei wird er leicht verletzt; David und Amy nehmen ihn mit nach Hause. Bei dem Versuch, telefonisch einen Arzt zu erreichen, kommt heraus, daß sich Henry im Haus der Sumners aufhält. Der Vater des ermordeten Mädchens und die Dorfschläger rücken an, um Henry zu holen und zu lynchen. Doch David weigert sich, ihn herauszugeben.

Der Film eskaliert jetzt zu einem Ausbruch unvorstellbarer Gewalt. David verteidigt sein Haus auf Leben und Tod, es wird allmählich zu einer Festung.

Der erste Tote ist der Friedensrichter, den die Schläger versehentlich umbringen. Blut fließt, der Horror steigert sich dadurch, daß ständig Scheiben eingeworfen werden und im Haus allmählich alles zu Bruch geht.

Regisseur Sam Peckinpah, der »Ästhet der Gewalt«, arbeitet dabei mit seinen berühmten Zeitlupenaufnahmen, die dem Geschehen den Charakter des Unausweichlichen geben. Dustin Hoffman als zuerst sanfter Mathematiker wird zu einem Kamikaze-Kämpfer, er gleicht einer aufs Äußerste gespannten Feder, die jederzeit losschnellen kann wie die alte, eiserne Fuchsfalle, die seinem häßlichen Gegner am Ende auf den Kopf fällt und ihn erwürgt.

Als Dustin nach der Schlacht mit dem debilen Henry in den Ort fährt, sagt dieser: »Ich weiß eigentlich nicht, wo ich zu Hause bin.« Dustin antwortet: »Ich auch nicht.«

Als die Rabauken des Dorfes widerrechtlich in sein Haus eindringen, sieht der zuerst friedliche Wissenschaftler rot.

STAB

Großbritannien 1971 – 113 Min. – R: Sam Peckinpah. B: Sam Peckinpah und David Z. Goodman. K: Herbert Smith. M: Jerry Fielding. Sch: Paul Davies. P: David Melnick. D: Dustin Hoffman, Susan George, Peter Vaughan, T. P. McKenna, Del Henney, Ken Hutchinson, Colin Welland, Jim Norton, Sally Thomsett, Donald Webster, David Warner.

Babe Levy (Dustin Hoffman), der »Marathon Mann«, läuft um sein Leben auf den nächtlichen Straßen von New York.

CIA-Mann, der sich zum Schein auf Szell eingelassen hatte, um an die Diamanten zu kommen.

In New York hat sich Babe inzwischen in Elsa, eine Studienkollegin, verliebt; bei einem Spaziergang im Central Park werden die beiden von Unbekannten überfallen und niedergeschlagen.

Doc ist inzwischen nach New York gekommen und findet schnell heraus, daß Babe nur belästigt wird, um ihn, Doc, zu erledigen.

Die Ereignisse überstürzen sich: Doc gelingt es nicht, den »Weißen Engel« zur Strecke zu bringen; im Gegenteil, während eines nächtlichen Treffens wird er von Szell tödlich verletzt. Er kann sich noch in die Studentenbude von Babe schleppen, ehe er stirbt. Von nun an ist Babe den mörderischen Attacken der Nazi-Organisation ausgesetzt, die herausfinden will, wieviel er weiß.

Mit einem Bohrer quält der ehemalige Zahnarzt Szell Babe, um ihn zum Sprechen zu bringen. Babe kann mit letzter Kraft entkommen und ist im Laufduell auf den Schrotthalden und Autostraßen Manhattans nur Dank seiner Marathon-Läufer-Qualitäten nicht einzuholen.

Der Countdown in diesem manchmal verwirrenden, auf Effekte und Spannungsdramaturgie angelegten Action-Thriller ereignet sich in einem einsamen Landhaus und einem Wasserwerk am Hudson-River, wo sich Babe und Szell zum letzten Duell gegenüberstehen.

STAB

USA 1976 – 125 Min. – R: John Schlesinger. B: William Goldman; nach seinem gleichnamigen Roman. K: Conrad Hall. M: Michael Small. Sch: Jim Clark. P: Robert Evans, Sidney Beckermann. D: Dustin Hoffman, Laurence Olivier, Roy Scheider, William Devane, Marthe Keller, Fritz Weaver, Richard Bright, Marc Lawrence, Allen Joseph, Tito Goya, Ben Dova, Lou Gilbert, James Wing Woo.

STUNDE DER BEWÄHRUNG STRAIGHT TIME

ROLLE Sein speckiges Haar sieht aus, als sei es monatelang nicht gewaschen worden, und Max Dembo erscheint als einer, den die Gesellschaft ausgeschlossen hatte. Unrasiert, mit Gangsterschnauzbart und unruhigem Blick, sieht er verwahrlost und merkwürdig verfremdet aus: ein Bursche, den man zu dem gemacht hat, der er ist. Von der ersten Szene an strahlt er eine unvorstellbare Virilität aus, verbreitet er eine Spannung wie eine defekte Stromleitung; und der Zeitpunkt, an dem er seine Aggressivität nicht mehr unter Kontrolle haben wird, ist absehbar. Am Ende aber, allein, ungeliebt und in dem Bewußtsein, alle Chancen verspielt zu haben, wird er plötzlich ruhig und gelassen, wie einer, von dem alle Wut wie durch Zauberei abgefallen ist – ein wenig auch wie ein erloschener Vulkan.

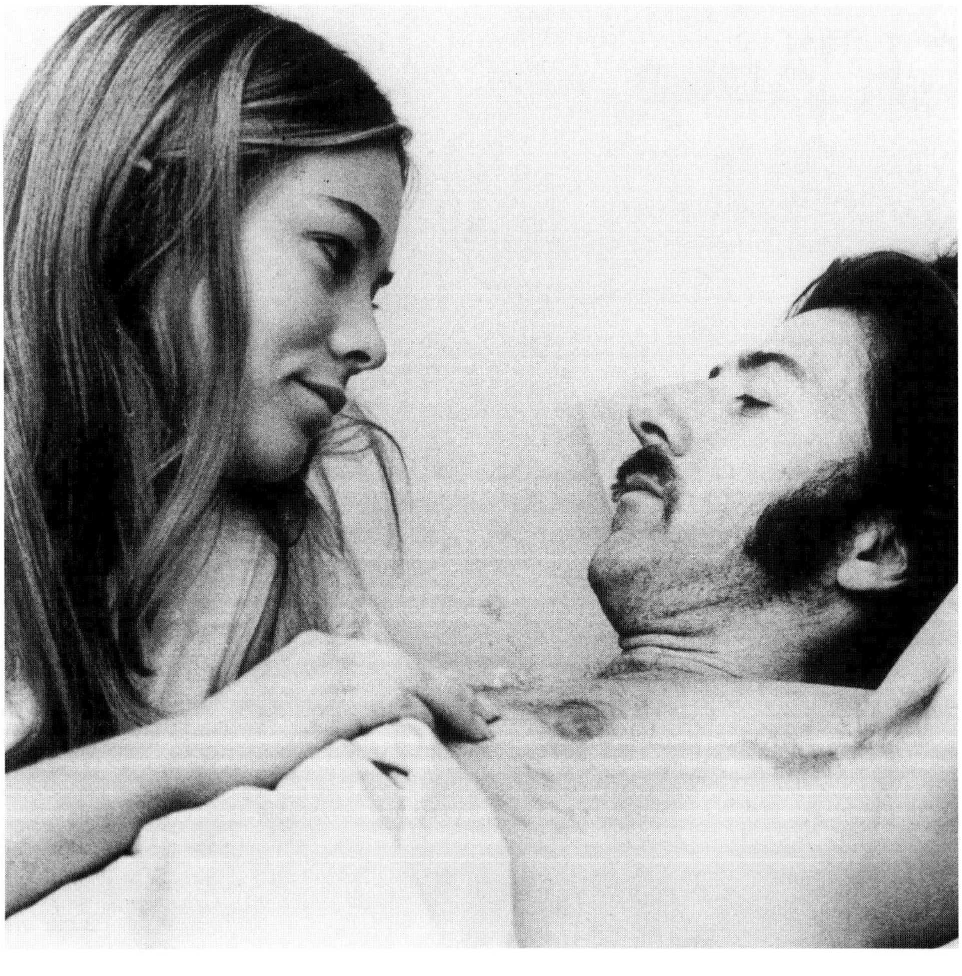

Ein Mann sucht seine Chance auf den Straßen der Großstadt – ein Mädchen (Theresa Russell) ist bereit, sich auf die unsichere Existenz mit ihm einzulassen.

Die Tore des Gefängnisses öffnen sich für Max Dembo (Dustin Hoffman) – er wird auf Bewährung entlassen.

STORY

Max Dembo ist Mitte dreißig, hat aber den größten Teil seines Lebens hinter Gittern verbracht. Im Grunde ist er ein harmloser Ganove, ein »kleiner Fisch«, der immer wieder »Pech« hatte. Nun wird er auf Bewährung entlassen und erhält eine Chance, die keine ist.
Denn zusätzlich zu den sozialen und psychologischen Problemen der Rückkehr in eine dem Straffälligen gegenüber wenig freundlich gesinnte Gesellschaft kommt ein weiteres nahezu unüberwindliches Hindernis: sein Bewährungshelfer Earl Frank. Dieser sich jovial gebende Mann ist von der Idee besessen, daß ein Verbrecher immer ein Verbrecher bleibt, daß er unverbesserlich ist – man muß nur warten, bis das Böse in ihm zum Vorschein kommt. Anstatt Max zu helfen, wie es seine Aufgabe wäre, schickt er ihn grundlos und auf einen vagen Verdacht hin vorübergehend wieder ins Gefängnis. Dieser sadistische Zeitgenosse schafft es schließlich, daß Max zu dem wird, den er in ihm sieht: zum Verbrecher, und das erste Opfer ist er selbst, Earl.
Zusätzliche Tragik entsteht dadurch, daß Max in der ehrlichen und bezaubernden Jenny einem Mädchen begegnet, das zu ihm hält und bereit ist, mit ihm durch dick und dünn zu gehen. Mit ihrer Unterstützung hatte er ein Zimmer und einen Job gefunden – doch eine mit Vorurteilen beladene Gesellschaft, repräsentiert durch Earl, verweigert ihm jede Chance. Also wird Max zum Verbrechen getrieben, plant mit zwei »Kollegen« ein großes Ding, und die Ereignisse nehmen ihren Lauf.
Der Film war als umfassende Kritik am amerikanischen Strafvollzug gedacht, verfehlte aber dieses Ziel durch Schwierigkeiten während der Produktion.

STAB

USA 1978 – 114 Min. – R: Ulu Grosbard. B: Alvin Sargent, Edward Bunker, Jeffrey Boam; nach dem Roman »No Beast so Fierce« von Edward Bunker. K: Owen Roizman. M: David Shire. Sch: Sam O'Steen, Randy Roberts. P: Stanley Beck, Tim Zinnemann. D: Dustin Hoffman, Theresa Russell, Harry Dean Stanton, Gary Busey, M. Emmet Walsh, Sandy Baron, Kathy Bates, Edward Bunker, Stuart Barton, Barry Cahill.

Doch die Chance war keine: Max auf dem Weg zurück zu seinem alten Leben (Dustin Hoffman, Harry Dean Stanton).

DAS GEHEIMNIS DER AGATHA CHRISTIE

AGATHA

ROLLE Dustin Hoffman ist der unterkühlt-saloppe Journalist, der nach einer berühmten Frau, Agatha Christie, vielleicht auch nach einer Leiche sucht – und eine Geliebte findet. Er verkörpert einen typischen Amerikaner, der durchaus weiß, wie man mit einer aristokratischen englischen Lady umgehen muß. Er ist kein Mann fürs Grobe, sondern ein sensitiver Bursche, der selten lächelt und Nadelstreifenanzüge mit Fliege trägt – ein Amerikaner in England.

TOD EINES HANDLUNGSREISENDEN

DEATH OF SALESMAN

Willy Loman ist der kleine Mann mit den großen Ambitionen, ein kleinbürgerlicher Spießer in weißem Hemd und Weste, der den amerikanischen Traum vom Erfolg verinnerlicht hat. Ein älterer Herr mit randloser Brille und ergrautem lichtem Haar, der an seiner eigenen Lebenslüge erstickt. Willy Loman ist von kollektiven Neurosen und Zwangsvorstellungen besessen, unfähig, etwas anderes zu begreifen als den Wahn von Happyness und Success. Selbst als ihm am Ende sein eigener Sohn Bif die Wahrheit ins Gesicht sagt, hält er an seinen Illusionen fest.

ROLLE

Am Ende versteht Willy wenigstens eines: daß ihn sein Sohn Bif liebt – trotz alledem.

Der Handlungsreisende gestattet sich einen Moment der Schwäche mit einem blonden »Flittchen« im Hotel – Auslöser späterer unkorrigierbarer Katastrophen.

STORY

Arthur Millers berühmtes Stück, 1949 herausgekommen, muß man als Schlüsselwerk des amerikanischen Theaters verstehen. In der filmischen Umsetzung von Schlöndorff erhält diese Arbeit eine neue, bestürzende Aktualität.
Die tragische Geschichte des kleinen Brooklyner Strumpfwarenvertreters Willy Loman enthüllt die Kehrseite des Traums von Glück, Reichtum, Erfolg; sie entlarvt den »American Way of Life« als Hohlformel: der Traum vom Erfolg, den Willy auch auf seine beiden Söhne überträgt, treibt ihn in eine gigantische Lebenslüge, aus der es am Ende keinen Ausweg mehr gibt.
Willy Loman wird das Opfer einer Lebensphilosophie, die ihn und seine Familie wie einen hilflos strampelnden Käfer am Boden zerquetscht. Bif, Willys Lieblingssohn, der eine Sportskanone werden sollte, wird durch eine Erfahrung in Boston aus der Bahn geworfen; er bittet seinen Vater um Hilfe und überrascht ihn mit einem Flittchen im Hotel. Der zweite Sohn Happy ist ein aufgeblasener Möchtegern-Playboy und Angeber; statt seine beruflichen Chancen wahrzunehmen, jagt er hinter den Weibern her. »Tod eines Handlungsreisenden« erscheint in der surrealen Interpretation von Volker Schlöndorff, die auf vordergründige Chronologie verzichtet und die Ereignisse als wirre Träume und Erinnerungen im Kopf Willys wiedererstehen läßt, als unerhört zeitnahes Kino.
Beliebt sein, bekannt sein, Erfolg haben, lautete die Formel des Kleinbürgers Willy, eine Haltung, an der auch heute viele Zeitgenossen unbeirrt festhalten. Dustin Hoffman spielt mit unerhörter Power und Virtuosität die Geschichte des Versagers, seiner Neurosen und Wahnvorstellungen, und stempelt ihn damit zum Prototyp des modernen, kaputten Erfolgsmenschen. Es ist aber auch ein Film über das Altern, den Vater-Sohn-Konflikt und die puritanisch-heilige Einrichtung der amerikanischen Ehe.
Die Kunst der Regie bestand darin, das Theaterhafte des Geschehens auf realistische Kinodimensionen zurückzuschrauben, ohne die Illusion der Kulissenwelt zu leugnen. In der sozialen Tragödie, die sich zwischen Melodram und Farce bewegt, sagt am Ende beim Begräbnis Willys einziger Freund: »Ein Handlungsreisender ist ein Mann, der mit seinem Lächeln reist und seiner Bügelfalte. Und wenn sein Lächeln nicht mehr erwidert wird – dann stürzt eine Welt ein.«

„Ich hab' mich in den Dustin verknallt."
VOLKER SCHLÖNDORFF,
während der Dreharbeiten zu *Tod eines Handlungsreisenden*

STAB

USA 1985 – 134 Min. – R: Volker Schlöndorff. B: Arthur Miller, nach seinem Bühnenstück. K: Michael Ballhaus. M: Alex North. Sch: Mark Burns. P: Robert F. Colesberry. D: Dustin Hoffman, Kate Reid, John Malkovich, Stephen Lang, Charles Durning, Louis Zorich, David S. Chandler, Joe Polito, Kate Rossetter.

Willys bessere Hälfte als klassische amerikanische Mutter und Ehefrau.

Willy Loman, der kleine Mann mit den großen Träumen, hat ein reales Vorbild: seinen erfolgreichen Bruder.

Willy Loman beim Kartenspiel mit seinem Nachbarn, der sich als sein einziger Freund erweist.

Der kleine Mann mit seinen Söhnen, die er auf den amerikanischen Traum eingeschworen hat.

eine Kombination aus Mensch und Puppe, und nur wer das Codewort kennt, kann den Menschen aus ihm herauslocken. Sein Bruder Charlie versucht, hinter diesen Code zu kommen. Der Zuschauer vermißt schmerzlich Dustin Hoffmans berühmten Charme hinter dieser Maske, die ein Krankheitsbild ohne Sentimentalität definiert. Dustin Hoffman als Raymond Babbitt gelingt das Kunststück, einen schwierigen behinderten Menschen, der jeden Blickkontakt meidet und eigentlich kommunikationsunfähig ist, der abgekapselt in seiner eigenen Welt lebt, so frisch und lebendig zu gestalten, daß man ihn nicht nur mag, sondern auch außergewöhnlich findet. Das hat nicht zuletzt mit seinem Zahlengenie zu tun, das in Las Vegas Aufsehen erregt, eine Spezialbegabung, die bei Autisten gelegentlich vorkommt, mehr noch aber mit seiner Gewitztheit.

Der Film erzählt die Geschichte zweier unterschiedlicher Brüder, des smarten Autohändlers Charlie (Tom Cruise) und des verhaltensgestörten Raymond (Dustin Hoffman), die sich im Verlauf einer Reise menschlich näherkommen.

STORY

Während der Beerdigung seines Vaters erfährt Charlie Babbitt (Tom Cruise), ein smarter junger Autohändler in Los Angeles, daß er einen Bruder hat. Charlie hatte seinen Vater nach einem heftigen Streit seit zehn Jahren nicht mehr gesehen.

Bei der Testamentseröffnung stellt sich heraus, daß Charlie außer einem Buick-Cabriolet, Baujahr 49, praktisch nichts geerbt hat und die drei Millionen Dollar an seinen Bruder Raymond (Dustin Hoffman) gehen, einen autistisch Behinderten, der in einem Heim in Cincinatti lebt.

Charlie, der zusammen mit seiner Freundin Susanna Raymond kennenlernt, ist außer sich vor Wut und kidnappt seinen Bruder mit dem geerbten Buick. Damit beginnt ein dramatisches Road-Movie quer durch Amerika, reich an spannenden, kuriosen Ereignissen, mit bizarren Landschaften, nostalgischen Stimmungsbildern und überraschenden Handlungsumschwüngen.

Anfangs ist Charlie total genervt, weil er mit der autistischen Behinderung seines Bruders, die er für Sturheit hält, nicht zurechtkommt. So weigert sich Raymond, in ein Flugzeug zu steigen, was Charlies Pläne total umwirft.

Im Lauf einer langen Reise kommen sich die beiden Brüder immer näher, der egozentrische Charlie wird einfühlsam und menschlich, während Raymond die Strapazen der Reise besser verkraftet, als die medizinischen Experten wahrhaben wollen. In irgendeinem Motel unterwegs liefert Raymond den Schlüssel zu seiner Kindheit, erfährt Charlie, wer der »Rain Man« wirklich war.

Zu den Höhepunkten der magischen Reise gehört das Abenteuer in Las Vegas, bei dem Raymonds Zahlengenie den Brüdern große Gewinne beschert, die Charlies geschäftliche Verluste wieder ausgleichen. Raymond lernt durch seinen Bruder tanzen, er bekommt seinen ersten Kuß, doch bei der Ankunft in Los Angeles wird das Happy End durch den Arzt des Heims in Cincinetti torpediert.

Der Film geht nicht leichtfertig mit den Problemen verhaltensgestörter Menschen um, auch wenn das glamouröse Hollywood-Melodram letztlich nicht klar Stellung bezieht, sondern das Thema in seinem gesellschaftlichen Kontext offen läßt. Dustin Hoffman, der monatelang Studien in einem Heim mit autistisch Verhaltensgestörten betrieb, gewann für seine Darstellung des Raymond Babbitt 1989 seinen zweiten Oscar.

Raymond trippelt wie eine aufgezogene Puppe hinter seinem Bruder (Tom Cruise) her.

STAB

USA 1989 – 130 Min. – R: Barry Levinson. B: Ronald Bass, Barry Moorow. K: John Seale. M: Hans Zimmer. Sch: Stu Linder. P: Mark Johnson. D: Dustin Hoffman, Tom Cruise, Valeria Golino, Jerry Molen, Jack Murdock, Michael D. Roberts, Ralph Seymour, Lucinda Jenney.

On the Road: ein impressionistisches Abenteuer mit zahlreichen Überraschungen und Schaueffekten.

„Es war das erstemal, daß ich ein Niemand war. Die Leute schrien nur ‚Tom! Tom!' Es war ein Alptraum. Mir wurde klar: Mann, du bist alt geworden."
DUSTIN HOFFMAN über die Dreharbeiten zu *Rain Man*

Charlie erklärt seinem Bruder das System der Spielkarten.

Beim Black Jack in Las Vegas bringt Raymonds geniale Zahlenbegabung Charlie satte Gewinne.

Tom Cruise als Charlie Babbitt.

Zwei Brüder mit unterschiedlichem Wahrnehmungsvermögen.

An der Bar bei Kaffee und Omelette müssen Raymonds Wünsche akribisch befolgt werden.

Raymond notiert sich penibel jede Beleidigung durch seinen Bruder.

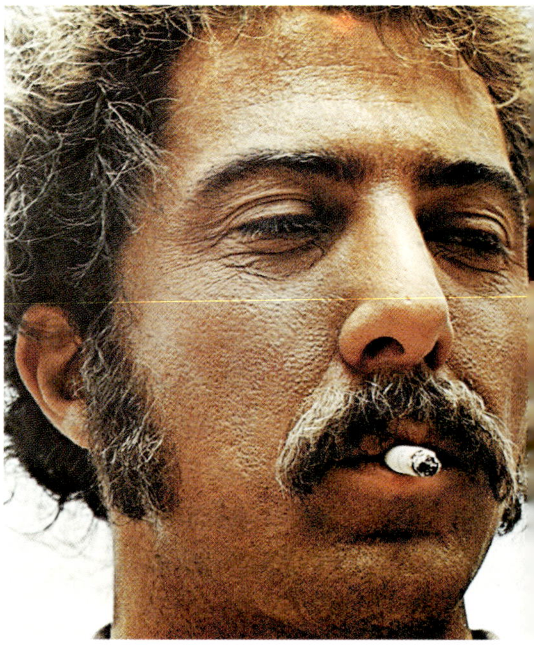

Ornitz, Arthur J. 22
O'Steen, Sam 27, 67

Pakula, Alan J. 61
Parfrey, Woodrow 55
Parolin, Aiace 51
»Pasadena Playhouse« 10, 12
Patella, Daniele 51
Peckinpah, Sam 48
Penn, Arthur 40, 41
Perrine, Valerie 59
Peters, Kelly Jean 41
»Phoenix Theatre« 20
Pinelli, Tullio 51
Pink, Sidney 23
Polito, Joe 78
Pollack, Sidney 17 f., 76
Pozzo 10
Prager, Stanley 23
Purcel, Henry 72

Ramirez, Antonio 23
Ratso Rizzo 12 f., 30, 32
Raymond Babbitt 18, 85 ff.
Redford, Robert 16, 60 f.
Reid, Kate 79
Rennie, Guy 59 f.
Rescher, Gayne 36
Reynolds, William 82
Ribman, Ronald 10
Richards, Dic 76
Robards, Jason 61
Robertson, Hugh A. 33
Roberts, Michael D. 86
Roberts, Randy 67
Rogers, Milton 22
Roizman, Owen 67, 76
Rojas, Manolo 23
Rojo, Gustavo 23
Romero, Cesar 23
Rossetta, Kate 78
Ross, Katherine 12, 24, 27
Rotter, Stephen A. 82
Russell, Theresa 66 f.
Rustichelli, Carlo 51

Salt, Jennifer 33
Salt, Waldo 33
Sandman, Lee 59
Sandrelli, Stefania 50 f.
Sargent, Alvin 67
Schaffner, Franklin J. 55
Scheider, Roy 63, 65
Schickel, Richard 17
Schisgal, Murray 12, 15, 17, 22, 76
Schlesinger, John 33, 62, 65
Schlöndorff, Volker 17 f., 78
Seale, John 86
Segura, Gregory 23
Semple jr., Lorenzo 55
Seymour, Ralph 86
Shire, David 61, 67
Shylock 20
Sicari, Joe 45
Sierra, Gregory 55
Silverstein, Shel 45
Simon, Paul 27
Sinatra, Frank 13
Small, Michael 65
Smith, Herbert 48
Sorrel, Ted 59
Spielberg, Steven 18
Stanton, Harry Dean 67
Steinkamp, Fredric 76
Steinkamp, William 76
Storaro, Vittorio 69, 82
Stradling jr., Harry 41
Strasberg, Lee 10
Strauss, John 82
Streep, Meryl 70
Streisand, Barbra 10
Surtees, Bruce 59
Surtess, Robert 27
Swink, Robert 55

Ted Kramer 17, 70 ff.
Thomas, Clarence 59
Thomsett, Sally 48
Tiny Tim 9
Tolan, Michael 36
Tootsie 74 f.
Trumbo, Dalton 55
Turgenjew, Iwan 11
Turman, Lawrence 27
Twiggy 13
Tynan, Kathleen 69

United Artists 18
Urzi, Saro 51

Vaccaro, Brenda 32 f.
Vaughan, Peter 48
Vito McMullen 20
Viva 33
Vivaldi, Antonio 72
Voight, Jon 12, 32 f.

Walker, Betty 45
Wallach, Eli 22
Wally Stanton 69
Walsh, M. Emmet 67
Warden, Jack 45, 61
Warhol, Andy 18, 32
Warner, David 48
Weaver, Fritz 65
Webb, Charles 27
Webster, Donald 48
Welland, Colin 48
Weston, Jack 82
West, Timothy 69
White, Ruth 33
Williams, Jobeth 72
Williams, Paul 82
Willingham, Calder 27, 41
Willis, Gordon 61
Wills, Frank 60 f.
Willy Loman 17, 77 ff.
Wilson, Elisabeth 27
Wolfe, Robert L. 61
Woodward, Bob 61
Woo, James Wing 65
Worth, Marvin 59

Yates, Peter 13, 36

Zerbe, Anthony 55
Zimmer, Hans 86
Zinnemann, Tim 67
Zorich, Louis 78

»Die Sahara, das ist Gott ohne Menschen«,
hat Balzac einmal gesagt.
Ein Raum, in dem der Vordergrund immer scharf ist
und den Blick auf das Unermeßliche, das Unsagbare freigibt.

SAHARA

BechterMünz

Tanger
Oran
Algier
Constantine
Tunis
Rabat
Casablanca
MAROKKO
Ghardaia
Trip
Marrakesch
Atlantischer Ozean
Tindouf
ALGERIEN
La'youn
S A H A
Tahat
3 003 m
Tamanrasset
MAURETANIEN
MALI
NIGER
Nouakchott
Nema
Timbuktu
Agadez
Dakar
Banjul
Niamey
Zinder
Kano
Maiduguri
NIGERIA
Porto Novo
Lomé
Lagos
Douala
Malabo
Yaoundé
Bata
São Tomé
Libreville

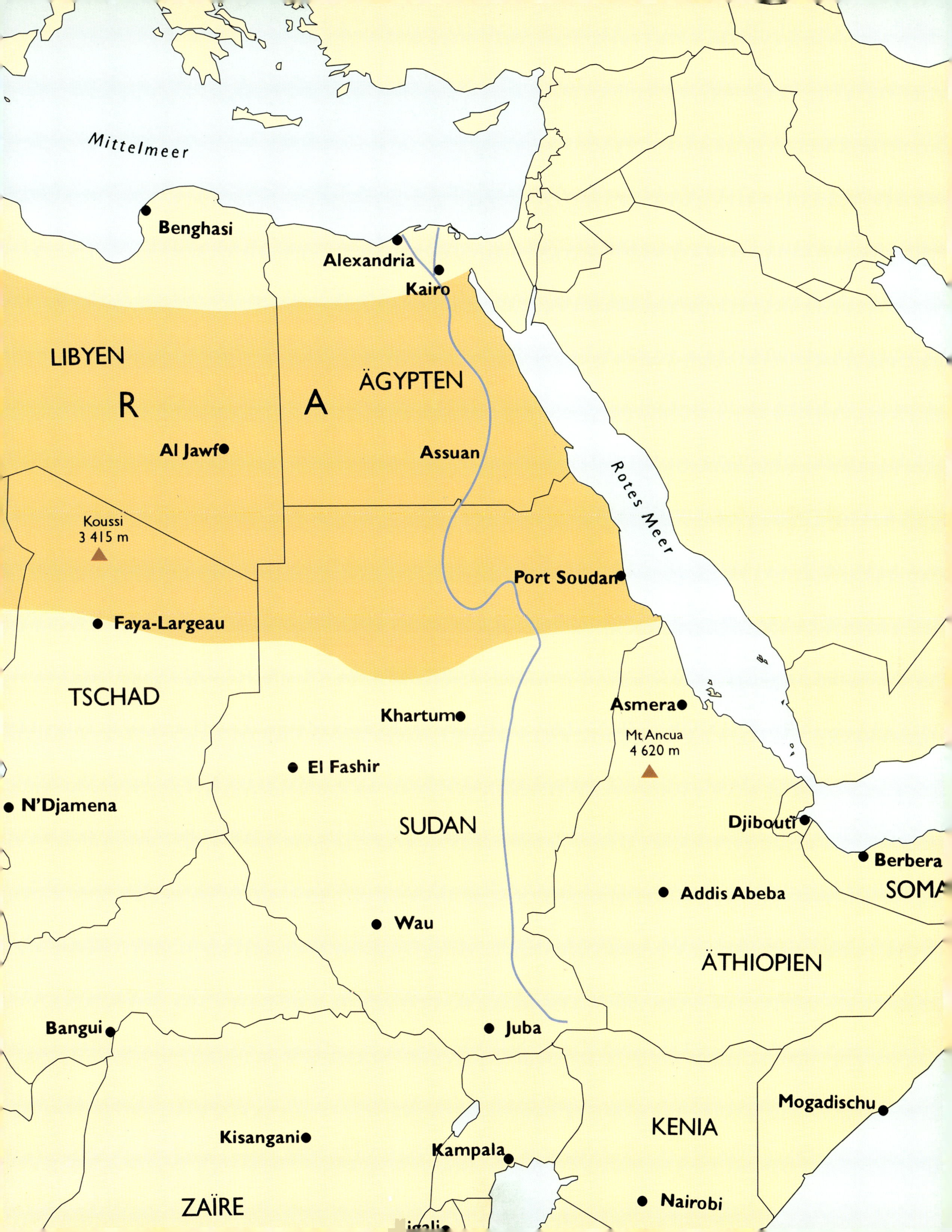

Mittelmeer
Benghasi
Alexandria
Kairo
LIBYEN
R
A
ÄGYPTEN
Al Jawf
Assuan
Rotes Meer
Koussi
3 415 m
Port Soudan
Faya-Largeau
TSCHAD
Asmera
Khartum
Mt Ancua
4 620 m
El Fashir
N'Djamena
SUDAN
Djibouti
Berbera
SOMA
Addis Abeba
Wau
ÄTHIOPIEN
Bangui
Juba
Mogadischu
KENIA
Kisangani
Kampala
ZAÏRE
Nairobi

DIE SCHÖNSTE UND GRÖSSTE WÜSTE DER WELT

»Die Wüste ist zunächst eine Vorstellung, ein inneres Zuhause.«
(Tahar ben Jelloun)

Ein Überhang aus hartem Fels. Man könnte sagen, wie aus einem Guß. Geländefaltungen winden und verschlingen sich ineinander wie ein Mahlwerk. Zwischen Schieferzähnen hat sich Sand aufgehäuft. Es ist das erste Anzeichen, der erste Bruch mit dem grünen Teppich des Nordens. Hier tritt, bedrohlich, der Fels zutage. Er scheint dem Licht die Stirn zu bieten. Ab jetzt schrumpft die Straße zu einer Piste zusammen, straff wie ein Faden, der dazu zwingt, weiter hineinzugehen in den Raum und die blendende Helle. Vorsicht also!

Es gibt in der Sahara keinen spezifischen Pistentyp. Schotter- oder Sandpisten schlängeln sich durch Dünen und Schotts, Wadis und Dschebels, über Regs und Hamadas, auf der Suche nach einem Horizont, der sich immer wieder entzieht, wie ein Geheimnis. Das Überleben ist hier immer in Frage gestellt. Es dreht sich um Fixpunkte, die wie Strandgut sind, umspült von gelbgrauen Wogen. Hier ergeht sich die Ewigkeit in der Zeit.

Nicht wir gehen in die Wüste hinein, die Wüste geht in uns ein, so wie die weiträumigen gregorianischen Zeitvorstellungen in uns eingegangen sind. Die Wüste offenbart sich nur dem, der bereit ist, ihrer Stimme zu folgen, in ihr zu wandern.

Steinhaufen dienen als Markierungszeichen. Wenn sie pyramidenförmig sind, nennt man sie »redjems«. Sie stehen im Abstand von hundert Metern bis zu fünf Kilometern. Ein auf einem Hügel aufgestapelter »redjem« kann einem die Orientierung in einem abgrundtiefen Leerraum wiedergeben. Ein solches Steinzeichen ist dann der einzige Anhaltspunkt, die einzige Gewißheit, die seltene Perle in einem Ozean von Licht, der auf Hunderte und Tausende von Kilometern im Umkreis alles bedeckt.

Der Mittelpunkt ist in der Sahara überall und nirgends. Die Sahara erstreckt sich über acht Millionen Quadratkilometer Sand, Felsen und Schotter, sie kennt die Hitze ebenso wie die Kälte und ... sie ist keine feststehende Größe: Sie verändert sich je nach Blickwinkel, Tageszeit und Witterungsbedingungen.

Die größte Wüste der Welt trennt den Mittelmeerraum von Schwarzafrika und erstreckt sich vom Atlantischen Ozean bis zum Roten Meer über die ganze Breite des afrikanischen Kontinents. Zehn Staaten teilen sich in diese Wüste: Marokko, Mauretanien, Mali, Algerien, Tunesien, Libyen, Niger, Tschad, Sudan, Ägypten.

Die Sahara ist alles andere als eintönig. Der einzige gemeinsame Nenner sind die klimatischen Verhältnisse. Die durchschnittliche Niederschlagsmenge geht nicht über 100 Millimeter pro Jahr hinaus. An manchen Orten, wie Tindouf, In-Salah oder Ghadamès, übersteigt die Temperatur 50 oder 55 Grad Celsius. Es kann aber auch extrem kalt werden. Im Winter, vor allem im Januar, kann man in den Gebirgsmassiven des Tassili und des Hoggar Minustemperaturen von 5 und sogar 10 Grad Celsius messen.

Besonders zu fürchten ist dann der Wind. Er schneidet ins Fleisch und zerreißt es wie ein Stück altes Papier. Mit einem einzigen Atemzug fegt er über Hunderte von Kilometern hinweg. Die Lippen werden blau, das Gesicht erstarrt, Steine bersten, und der Sand wird hart wie der Blick.

Der Sommer ist so heiß, daß das Licht trüb wird. Man könnte sagen, es schmilzt. Die Tiefenwahrnehmung verändert sich. Der Blick verirrt sich in flimmernden Trugbildern, die wie Bruchstücke einer nicht zu fassenden Wirklichkeit sind. Man hat das bizarre Empfinden, daß alles echt und falsch zugleich ist. In den Ohren rauscht es, die Pupillen werden zu schmalen Schlitzen. Man spürt, daß die Hornhaut der Augen spröd wird wie eine vertrocknete Orangenschale.

Die Oberflächengestalt der Sahara ist ein riesiges Plateau, aus dem fünf Gebirgszüge herausragen: Adrar der Iforas, Hoggar (3003 m), Air, Tibesti (3415 m am Emi Koussi) und Ennedi. Die Sahara umfaßt auch riesige Sandmeere, die im Westen »Erg« und im Osten »Edeyen« genannt werden. Sie nehmen etwa ein Zehntel der Gesamtfläche ein. Geformt werden sie vom Wind. Ihre Farben ähneln denen von struppigen Tierfellen.

In der Sahara ist jede Reise wie eine quälende Verfolgung, eine geduldige Jagd, wie ein Trugbild, das sich schließlich in den weiten Ebenen absoluter Leere auflöst. Die ausgedehntesten Ebenen sind die Tanezrouft in Algerien, die Ténéré im Niger und die Libysche Wüste an der Grenze zwischen Libyen und Ägypten. Manche Gegenden liegen tiefer als der Meeresspiegel, wie z. B. die algerischen und tunesischen Schotts und die ägyptischen Oasen Siwa und El Qattara.

Die Sahara ist wie ein unendliches Labyrinth, in dessen Mitte die Begegnung mit den Nomaden steht.

Blicke auf das Wesentliche

Ob Mauren, Tuareg oder Tubu: Sie alle sind Menschen auf der Durchreise; sie durchqueren die Wüste, häufig mit ihrer Herde oder Karawane. Über viele Kilometer und tagelang geistert ein leises Geräusch von Brunnen zu Brunnen auf der Suche nach einem Echo. Der wahre Reichtum der Wüste ist das, was den Durst stillt, und das, was das Wort beflügelt. Brunnen und Lagerstätten werden so zu rituellen Eckpfeilern für die Suche und die Erinnerung, für Vorstellungen und Gefühle.

Hier schöpft der aus Staub geformte Mensch neue Kräfte und gewinnt seine innere Ordnung zurück. »Geh nicht hochmütig über die Erde«, sagt der Koran. »Du kannst sie weder zerstören noch die Höhe der Berge erreichen.« In der Nacht schüttet die Milchstraße ihre süßen Gaben über einer Welt aus, die ihre alte Hülle hinter sich läßt.

Dann offenbart die Sahara ihre geistige Natur, die aus Verzicht und Askese gemacht ist. Alles ist im Einklang, auch das Negative, denn in ihren Räumen verbirgt sich eine Ordnung, die man annimmt oder die einen annimmt, die einen aber auch zerschmettern kann. Vorsicht also vor dieser Kunst, im Ewigen zu leben. Charles de Foucauld lebte hier in seinem Gotteswahn, und Lebaudy tobte seinen Größenwahn aus.

Lebaudy war ein reicher Erbe, der die französisch-algerische Eisenbahngesellschaft von Oran kaufte. Er heuerte Arbeitskräfte an und segelte mit einer Yacht Richtung Mauretanien. Dort ging er an Land und nahm die Sanddünen in Besitz, die er durchquerte. Dann proklamierte er sich selbst zum Kaiser der Sahara, gab einen Thron und eine Guillotine in Auftrag. Und schließlich veröffentlichte er eine Tageszeitung mit dem Titel »Le Sahara«.

Die Wüste zerstreut oder sammelt. Die weißen Flecken auf der Landkarte, hinter denen sie sich versteckt, weisen auf ihr strahlendes Licht und ihre mystische Aura hin. Amateure sollten die Finger davon lassen. Die Apokalypse hat ihre Wege, für die man Führer braucht, denn die Sahara lehrt nur die Extreme. Ihrer Stimme Ruf und ihre Landschaften sind von einer Kraft, die blind machen kann.

Der Bewohner der Sahara kultiviert gern das Absolute und das Paradoxe. Ähnlich wie den Pflanzen und wilden Tieren, die für diesen Boden und die unermeßliche Weite geschaffen sind, ist dem Menschen hier eine großzügige Seele angeboren. Der geringste Irrtum wird ihm zum Verhängnis, der geringste falsche Ton schließt ihn von seiner Schöpfung aus, die immer in Verbindung zur Genesis steht. »Wenn die Wüste der Raum ist, wo man sich selbst findet, dann erkennt man gleichzeitig auch, daß man solidarisch ist mit dem Kieselstein und den lichtvollen Weiten, mit diesem geheimen Strom, der vom Mineral zum Menschen und vom Menschen zu fernen Galaxien fließt. Das geringste Zeichen sendet uns eine Botschaft, will uns etwas enthüllen. Schon eine winzige Veränderung in den Beige- und Brauntönen läßt uns an ein unbekanntes Vorkommen denken«, schreibt Lorand Gaspar.

Die Sahara ist klimatisch ein geschlossener Raum. Menschlich ist sie dicht und kostbar wie nichts anderes auf der Welt, denn ihre Werteskala ist im Bereich des Heiligen angesiedelt. Destillierkolben ist ein Wort, das ebenso aus der Wüste kommt, wie die Bibel. Was hier zählt, ist nicht die Menge, sondern die Reinheit und die Qualität des Seins. »Wir ernährten uns vom Zauber des Sandes. Andere werden dort vielleicht nach Erdöl bohren und sich am Warenhandel bereichern. Aber sie kommen zu spät. Denn die verbotenen Palmenhaine und der unberührte Muschelstaub haben uns ihr Wertvollstes gegeben. Sie boten nur eine einzige Stunde der Leidenschaft, und wir haben sie erlebt.« (Antoine de Saint-Exupéry)

Jean-Yves Montagu

NATUR ALS GRÖSSENORDNUNG

»Jeden Tag läßt die Morgendämmerung die Berge neu erstehen.«
(Arabisches Lied)

▲ Eine unwirklich scheinende und zugleich höchst eindrucksvolle Szenerie: Bizarre Felsformationen umsäumen die gerundeten Formen der Dünen in zahllosen Farbschattierungen.

▶ Tadrart-Massiv. Ein Labyrinth mit kreuz- und querlaufenden Talschluchten im Norden der Ténéré. Es hat nur zwei oder drei Eingänge im Westen – und im Osten praktisch keinen Ausgang.

Geologisch wird die Sahara im Norden von einem großen tektonischen Band begrenzt, das sich von Agadez bis an den Golf von Gabès hinzieht. Die Begrenzung im Süden bilden die Täler des Senegal und des Niger sowie das Tschad-Becken.

Strukturell gesehen, stellt sich das Ganze wie ein von West nach Ost verlaufendes Rückgrat dar, das aus präkambrischen Gebirgsmassiven besteht (Reguibat-Schwelle, Hoggar, Tibesti, Auenat-Schwelle). Es beherrscht riesige Becken: im Norden Tindouf, das südalgerische Bekken und Libyen, im Süden Taoudeni, Niger und Tschad. Sie sind mit Primär-, Sekundär- und Tertiärsedimenten angefüllt.

Die präkambrischen Massive

Das untere Präkambrium baut sich auf 20 000 Metern aufgefalteten und zu metamorphen Gesteinen umgewandelten Sedimenten auf. Die Fazies von In Ouzzal (Hoggar) ist mit 2800 Millionen Jahren die älteste. Die Reguibat-Schwelle (auf einer Fläche von 1500 mal 300 Kilometer) im Westen, auf dem Staatsgebiet von Mauretanien, geht auf 2600 Millionen Jahre zurück.

Das mittlere Präkambrium hat eine Dicke von etwa 1500 Metern. Es besteht aus gewaltigen Konglomeraten und erstarrter Lava. Hierzu gehören Hoggar, Adrar der Iforas und Air.

Das obere Präkambrium ist selten vertreten. Es setzt sich ebenfalls aus mächtigen Konglomeraten (2000 m) zusammen, und man findet es im Westen des Adrar der Iforas.

Das Endpräkambrium schließlich ist in der gesamten westlichen Sahara durch eine Reihe von Dolomitkalksteinen gut vertreten, die vor allem im Süden Marokkos, in Mali und Obervolta zutage treten.

Die grossen Becken

Die Synklinale des Tindouf liegt zwischen dem Antiatlas und der Reguibat-Schwelle. Das südalgerische Saharabecken erstreckt sich zwischen dem Hoggargebirge und dem Saharaatlas. Der Fezzan in

▲ **Sand, dem Sandstein abgerungen, der seinerseits die winzigen Quarzkristalle von dem noch älteren Granitgestein entlehnte. (Théodore Monod)**

Libyen weist gleich zwei Becken auf: das Chati-Becken im Norden und das Mursuk-Becken im Süden.

Das Taoudeni-Becken im Süden hat einen Durchmesser von 1200 Kilometern und erstreckt sich über fast die ganze westliche Sahara. Das Jullemmeden-Becken im Süden des Hoggar ist ein Halbbecken, das im Westen von einem großen Abbruch parallel zum Niger begrenzt wird. Das Tschad-Becken hat einen mittleren Durchmesser von 1000 Kilometern.

Tertiäre und quartäre Vulkanismen

Die Verschiebungsbewegungen der Erdkruste, vor allem der Gebirge, von denen Nordafrika im Tertiär betroffen war, hatten auch Auswirkungen in der Sahara. Die aufgeworfenen Sedimentschichten bildeten um Hoggar und Tibesti ein wellenartiges Relief. Begleitet wurden diese großen Verwerfungen durch Vulkanausbrüche, vor allem im Tibesti, im Hoggar und in Libyen.

Im Quartär kam es zu neuen Bewegungen, ebenfalls in Begleitung von vulkanischer Aktivität. Der Emi Koussi im Tibesti erreicht eine Höhe von 3415 Metern, der Toussidé eine von 3265 Metern. Der

Hoggar weist große Basaltströme mit Klingstein-Extrusionen auf. Die bekanntesten Erhebungen sind der Tahat (3000 m) und der Pic Daman (2760 m).

Das Klima der Sahara

Es ist gekennzeichnet durch sehr geringe Niederschläge, bedingt durch das Vorherrschen von subtropischem Hochdruck. Diese Antizyklonen verhindern die Auslösung von Regenfällen.

Das Saharaklima erstreckt sich über einen Streifen von etwa zwanzig Breitengraden zu beiden Seiten des Wendekreises des Krebses. Die Verschiedenheit der Klimaregionen steht aber in direktem Zusammenhang mit den polaren oder äquatorialen Einflüssen. So gibt es am nördlichen Rand einen Winter und Regenfälle. In Ghardaia (32°9' nördlicher Breite) ist der Januar der regenreichste Monat. Die Nächte sind kalt. Die durchschnittlichen Tiefsttemperaturen liegen bei 4 Grad. Die Tage sind warm (mehr als 15° im Durchschnitt). Die Regenmessung ergibt einen durchschnittlichen Jahreswert von 73 Millimetern.

In der äquatornahen Randzone gibt es keinen Winter, der Regen fällt im Sommer. So gehen in Tin Zaoutène (19°57' nördlicher Breite)

▲ »Die Geduld ist wie ein Baum. Die Wurzeln schmekken bitter, aber die Früchte sind sehr süß. Am Ende der Geduld steht der Himmel.« (Sprichwort aus der Sahara)

◄ ▼ Erosion und Klimafaktoren verwandeln Wirkliches in Phantastisches.
Bei diesen Formationen sind der Phantasie keine Grenzen gesetzt.

▲ Ägyptische Sahara. »Die Gegend im Süden der Cyrenaika ist mangels Wasser unfruchtbar. Nur Gazellen und Antilopen sieht man dort, keine anderen Säugetiere oder Vögel.« (Diodorus von Sizilien)

▶ Schott el Djerid (Tunesien). Als Schott bezeichnet man ein Gebiet mit stark salzhaltigem Boden. Der Schott el Djerid erstreckt sich über eine Fläche von 10000 Quadratkilometern.

▲ **Hoggar-Massiv. Ein gewaltiger, zerklüfteter, alles Maß sprengender Gebirgszug, in dem die Zeit stehengeblieben ist.**

die Durchschnittstemperaturen der Januarnächte nicht über 9 Grad Celsius hinaus. Der August ist der regenreichste Monat, und die Niederschläge pendeln sich im Jahresdurchschnitt bei 59 Millimetern ein.

Besonders heiß ist es in den mittleren Regionen. Die Niederschlagsmenge ist dort sehr unterschiedlich. Es ist möglich, daß in mehreren aufeinanderfolgenden Jahren kein Tropfen Regen fällt. In In Salah, das auf dem Meridian von Algier liegt, wurden die Niederschläge im Jahresdurchschnitt auf 8 Millimeter geschätzt. Nach mehreren Jahren der Trockenheit kann es aber zu sintflutartigen Regenfällen kommen, welche die Wadis rasch anschwellen lassen. Die Station Helwan in der ägyptischen Sahara hat in zwanzig Jahren 760 Millimeter Regen gemessen, aber mehr als ein Viertel davon fiel bei sieben Regengüssen und in wenigen Stunden.

Topographie

Die Topographie der Sahara ist das direkte Ergebnis der Einwirkung von Klimafaktoren auf die verschiedenen Bodentypen. Charakteristisch ist die Kargheit der Landschaften, die sich in fünf große Familien einteilen lassen:

1. Das Gebirge. Sein Relief ist stark zerklüftet. Meist handelt es sich um Massive aus Granit und Gneis und um vulkanische Strukturen. Wo der kristalline Sockel zutage tritt, bilden sich kleine einzelne Inseln oder Inselgruppen, die eine Unterbrechung in die gleichförmigen, weiten Horizonte bringen.

2. Das Plateau. Annähernd horizontale, felsige Flächen heißen Tassilis, wenn ihr Ursprung Sandstein ist, und Hamadas, wenn sie aus Kalkstein bestehen. Oft enden diese Hochflächen in steilen Abbrüchen, über die halsbrecherische Pfade nach unten führen.

3. Die Ebene. Das ist der Reg, der aus Felsfragmenten oder Kies besteht. Die Kiesablagerungen sind das Ergebnis von Verwitterungsprozessen oder auf Anschwemmung zurückzuführen.

4. Die Düne. Form und Höhe sind je nach den Windverhältnissen variabel. Ihre Größe richtet sich nach dem bereits vorhandenen Schwemmsand-Depot. Sand findet man in der Sahara überall, aber in sehr unterschiedlichen Mengen, vom dünnen Sandfilm bis zu Sandmassiven, die sich über mehrere hundert Kilometer erstrecken können: Westlicher Großer Erg, Östlicher Großer Erg, Erg Chech, etc.

5. Die Steppe. Wüstenähnliche Steppen umsäumen die Sahara im Norden und im Süden. Es handelt sich um weite, eintönige Flächen. Die großen Dünenkomplexe verschwinden oder lösen sich in kleine Dünengruppen auf. Dafür breiten sich die in sich geschlossenen Niederungen in ihren verschiedenen Ausprägungsformen aus (Schott, Sebkha, Gara ...).

◀ Im Schoß der Düne hat die Zeit die blaue Färbung des Rauhreifs angenommen.

▶ Das Licht der Stille.

▶ Die Botschaft der Pharaonen.

ES WAR EINMAL DIE SAHARA

»Hör den Wind. Es ist die Sahara, die weint. Sie möchte wieder grün werden.«
(Arabisches Lied)

▲ **Poliertes Beil aus dem Mesolithikum.**

▶ **Die Felsbilder im Tassili gehen auf prähistorische Zeiten zurück, als die Sahara noch nicht Wüste war.**

Im fünften vorchristlichen Jahrtausend ist die Sahara von Wiesen und Wäldern bedeckt. Zahlreiche Flüsse durchziehen die unermeßliche Weite. An Seeufern und in den Gebirgstälern lebt eine Vielzahl von Volksstämmen. Für diese Zeit bescheinigt die Archäologie das Vorhandensein von Fischern, Jägern, Hirten und Bauern, die Mahlsteine und Werkzeuge aus behauenem oder poliertem Stein hinterlassen haben.

Aus den Saharakulturen der Jungsteinzeit stammen die überwiegend im Tassili gefundenen Felszeichnungen und Felsgravuren, nach denen sich die Vorgeschichte der Sahara in vier große Perioden einteilen läßt.

Die ältesten Felsbilder stellen Tiere eines tropischen Lebensraumes dar: Nilpferde, Rhinozerosse, Krokodile, Zwergbüffel, Giraffen ... Hie und da tauchen Darstellungen von Menschen auf. Die zweite Periode läßt auf eine Gesellschaftsstruktur von Bauern und Viehzüchtern schließen. Zur Savannenfauna gesellen sich Haustiere: Pferde, Rinder, Schafe, Hunde. Mit Pfeil und Bogen bewaffnete Jäger oder Krieger erscheinen auf der Bildfläche. In der dritten Periode wird die Savanne zur Steppe.

Die Streitwagen der Garamanten (laut Herodot) treten in Erscheinung. »Mit Wagen, die von vier Pferden gezogen werden, machen sie Jagd auf die in Höhlen wohnenden Äthiopier.« Diese Vorgehensweise, die vermutlich auf das erste Jahrtausend vor Christus zurückgeht, dürfte etwa gegen das fünfte Jahrhundert vor unserer Zeitrechnung verschwunden sein.

Die letzte Periode zeugt von der Verschlechterung der klimatischen Bedingungen. Die Sahara wird langsam zur Wüste. Entsprechend sind die Zeichnungen zu Beginn unserer Zeitrechnung. Die Tuareg setzen sich als Beherrscher der Oasenvölker durch. Gegen Ende des 1. Jahrtausends n. Chr. geht für die rinderzüchtenden Peul ihre Wanderung am Atlantik zu Ende. Zuvor hatten die von der arabischen Halbinsel kommenden Araber die politischen und religiösen Karten des Maghreb neu gemischt.

Neue Völker entstehen. Zum Beispiel die Mauren, die aus der Vermischung eines alten Berbervolkes mit einer arabischen Oberschicht

WASSER – QUELLE DES LEBENS

»... Denn hier sprechen zu uns das Wasser und das Gestein.«
(Lorand Gaspar)

▲ **Die Sahara ist ein Land des Durstes. Selten sind die – oft salzigen – Wasserstellen, die im Sand aufglitzern. Im Winter aber können die Trockenflußtäler gewaltige Wassermassen mit sich führen. An manchen Orten, wie im M'zab, wird dieser Überschuß geschickt aufgefangen und auf die Oasengärten verteilt.**

»Fordere von deiner Kamelstute Milch, von deiner Frau einen Sohn, aber von Gott allein Wasser«, sagt ein saharisches Sprichwort. Mehr als irgendwo sonst auf der Welt bestimmt das Wasser in der Wüste alles pflanzliche, tierische und menschlich-gesellschaftliche Leben, und auch die politischen und wirtschaftlichen Machtverhältnisse sind eng mit ihm verbunden.

Goldrouten durchzogen in früheren Zeiten die Sahara. Sie verbanden die von schwarzen Potentaten kontrollierten Goldvorkommen (das berühmteste war Ghana) mit den Handelsstädten des Maghreb, wo sich christliche und muslimische Kaufleute begegneten.

Nomadenverbände, die an Staatsapparate und Stammesaristokratien gebunden waren, bauten das Karawanensystem auf und sorgten entlang dieser Routen für die Entstehung von Oasen und den Bau von Brunnen. Ihre Aufgabe war es, die für den Transitverkehr dieser Reichtümer erforderlichen Zwischenstationen einzurichten. Die beträchtlichen Gewinne aus dem Handel mit dem Edelmetall ermöglichten die enormen Investitionen, die für die Schaffung dieser für den Transport lebenswichtigen Infrastruktur erforderlich waren. Gesichert wurde der Unterhalt durch die Arbeitsleistung von Sklaven, die aus der Savannenregion geholt wurden. Diese Schwarzen gruben und warteten die Brunnen und die Bewässerungssysteme. Der Niedergang des Goldhandels gegen Ende des Mittelalters führte zum Verfall der Oasen, aber die Bewässerungssysteme überdauerten bis ins 20. Jahrhundert hinein.

In den meisten Oasen der Sahara-Randzonen wird das Wasser über ein Netz unterirdischer Kanäle gesammelt und zugeführt. Diese sogenanneten Foggaras leiten das Sickerwasser in die Oasen, wo es gesammelt wird.

Weiter im Innern der Sahara bedient man sich unterschiedlicher Techniken, um das Wasser aus den wasserführenden Schichten an die Oberfläche zu befördern: Ziehbrunnen mit langarmigem Hebel, Brunnen mit Seilwinden, die von einem Zugtier betrieben werden, Brunnen mit einer Zahnradvorrichtung, die durch ein im Kreis geführtes Arbeitstier bewegt wird.

▲ **Manche Brunnen können bis zu 100 Meter tief sein. Es bedarf der Zusammenarbeit und einer ausgeklügelten Technik, um das Wasser aus dieser Tiefe zu schöpfen.**

▲ **Ganz gleich ob das Wasser gesammelt und dann auf kleine Gärten verteilt wird, ob ultramoderne Bewässerungsanlagen im Süden Algeriens eingesetzt werden oder ob Ziehbrunnen für die Förderung sorgen, das Wasser bleibt die Grundbedingung für das Leben in der Sahara und für die Fruchtbarkeit der Böden, die sich für jede Art von Anbau eignen.**

In bestimmten Gegenden wiederum, wie z. B. im Souf in Algerien, wird die wasserführende Schicht genutzt, indem tiefe Gräben ausgehoben werden, auf deren Grund die Wurzeln der Palmen die lebenspendende Feuchtigkeit finden.

Heute werden diese überlieferten Techniken in zunehmendem Maß durch moderne Tiefbohrmethoden ersetzt, die es ermöglichen, ein Wasserpotential zu erschließen, das früher unerreichbar war. Große Stauvorrichtungen sammeln riesige Wassermassen, die das ganze Jahr über verteilt werden, und mit Hilfe von Sprinkler-Berieselungstechniken ist es möglich, die notwendigen Wassermengen wirksam zu dosieren.

Zwar ist eine große Zahl von Oasen gleichzusetzen mit Raststationen für Karawanen; es gibt aber auch andere, deren Bevölkerungskern aus verschiedenen Wanderbewegungen entstanden ist, wie z. B. in Ghardaia, der Hauptstadt des M'Zab in Algerien. Diese Siedlung ist auf eine religiös bedingte Wanderbewegung zurückzuführen: Sie beherbergt eine muslimische Bevölkerung, die sich von den Schiiten abgespalten hatte. In diesem Gemeinwesen erfolgt die Wasserverteilung auf besonders rationelle Weise. Aus den im Wadi angelegten Sammelbekken und den – heute mit Motorpumpen betriebenen – Brunnen wird das Wasser über ein Labyrinth von Seguias (Bewässerungskanäle von geringer Breite) bis ins kleinste Anbaugeviert geleitet. Ein von der religiösen Führung streng geregeltes System wacht über die gerechte Verteilung.

Die Wasserzuteilung erfolgt über »Kämme« in den Hauptkanälen. Zwischen die Zacken der Kämme werden vertikal Steine gesteckt. Auf diese Weise rinnen dünne »Wasserfäden« in die Seguias, die wiederum die Gärten bewässern. Unter den Palmen, deren Datteln geerntet werden, wachsen zahlreiche Obstbäume, wärend der Boden mit Getreide- und Gemüsefeldern bedeckt ist.

»Bquaou ala kheir, ehl el hassi, ehl el ma«
Seid glücklich, Leute des Brunnens, Leute des Wassers ...
(So grüßen Nomaden die seßhaften Oasenbewohner)

Natürlich ist die Oase die bevorzugte Sammel- und Verteilungsstelle für das Wasser. Zahlreiche Brunnen, Wasserlöcher, kleinere oder größere natürliche Zisternen bilden aber Versorgungsreservoirs für Karawanenmitglieder und Reisende.

Nicht selten liegen solche ständigen Wasservorkommen in grandiosen Felsschluchten. Das Wasser ist dort nicht nur kalt, sondern es kann auch Lebensraum für eine Tierwelt sein, die geeignet ist, Abwechslung in die normale Alltagskost zu bringen. So findet man hier z. B. eine kleine, sehr gefräßige Barbenart, die eine ausgezeichnete Fischsuppe ergibt!

Künstlich angelegte Brunnen können sehr tief sein. Manche von ihnen reichen in mehr als 100 m Tiefe und sind das Ergebnis der Arbeit von mehreren Generationen. Ihre Konstruktion (häufig sind sie mit Steinen ausgekleidet) und ihr Unterhalt zeugen von harter Arbeit und einem Respekt und Bewunderung gebietenden Kampf ums Überleben. Die Werkzeuge, mit denen das oft salzhaltige Wasser geschöpft wird, sind denkbar einfach: ein Seil und ein Lederbeutel, der sog. «Dellou«. Für dieses Schöpfgefäß wird ein Stück weiches Leder mit Schnüren an einem Holzring befestigt, der wiederum mit dem Zugseilende verbunden ist.

Mit zunehmender Austrocknung der Sahara versanden zusehends auch die Brunnen, um so mehr als sie durch den Rückgang der Karawanen nicht mehr so häufig genutzt und somit auch nicht mehr regelmäßig gewartet werden. Bleibt anzumerken, daß die tiefgelegenen Grundwasserschichten weitgehend oder ganz aus fossilem Wasser bestehen. Es handelt sich um Sickerwasser, das poröse, wasserdurchlässige Felsschichten wie durch Kapillaren durchdringt. Diese – allem Anschein nach beträchtlichen – Reserven bleiben noch auszuloten, auch unter dem Aspekt von gelegentlich kontrovers diskutierten Theorien, denen zufolge die wassertragende Schicht regelmäßig auch aus angrenzenden »Impluvium-Becken« gespeist werden soll.

Für bestimmte Orte gibt es immerhin bereits Berechnungen, so z.B. für das Mursuk-Becken. Wenn man seine Oberfläche mit 200 000 Quadratkilometern, die Dicke der wasserhaltigen Gesteinsmasse mit 1000 Metern und ihr Porenvolumen im Durchschnitt mit 20% ansetzt, erhält man einen Wassergehalt von insgesamt 40 Milliarden Kubikmetern, von denen 9 Milliarden nutzbar sein sollen.

◀ Was das Wunder des Wassers bewirkt, zeigt die vorhergehende Seite.

◀ ◀ »Denke gut nach über dein Mißgeschick. In dieser Wüste wirst du schließlich das Wasser finden, das zur Oase führt.« (Tuareg-Sprichwort)

▲ Tod und Licht verbünden sich in diesem Skelett und in dieser ausgezehrten Wurzel.

PFLANZEN- UND TIERWELT

»Die Sonne scheint für den Grashalm ebenso wie für die Zeder und den Vogel.«
(Arabisches Sprichwort)

▲ ▶ Skorpion und Palme sind zwei Beispiele für die Anpassungsformen an die Sahara. Der Skorpion verbirgt sich unter Steinen, die Palme breitet ihre Blätter über dem Sand aus.

In der Sahara erfordert alles tierische oder pflanzliche Leben eine besondere Anpassung im Kampf gegen die Verdunstung, die durch atmosphärische Trockenheit, große Temperaturschwankungen und heftige Winde gefördert wird. Der Not gehorchend neigen deshalb die Pflanzen dazu, tiefreichende Wurzeln zu bilden oder sich direkt an der Bodenoberfläche zu entfalten. Parallel dazu können sich die Blätter zu Schuppen oder Dornen zurückbilden, um durch Verkleinerung der Fläche der Verdunstung entgegenwirken. Die Entwicklung des Wurzelsystems ermöglicht schließlich eine bessere Wasserversorgung.

Manche drei Meter hohen Akazien holen sich das Wasser aus einer Tiefe von 35 Metern. Die Wurzeln bestimmter Calligonum-, Ammodendron- und Eresmosparton-Arten dagegen können sich bis in eine Entfernung von 30 Metern vom Strauch ausbreiten. Der Brustbeerbaum wählt seinen Standort in flachgrundigen Trockentälern, desgleichen die Tamariske, von der es Arten gibt, die einen ziemlich hohen Salzgehalt vertragen.

Zwar gibt es Bäume in der Sahara, die meistverbreitete Vegetationsform sind aber Sträucher und Büsche. Besonders charakteristisch sind die Saxaule. In Trockenzeiten verlieren sie ihre Blätter und sehen dann aus wie echte Skelette – aber beim geringsten Regen ergrünen sie auf der Stelle.

In der Sahara gibt es etwa 30 Arten von Gänsefußgewächsen. Im allgemeinen handelt es sich um strauchbildende Pflanzen. Ihre lanzenförmig-schmalen Blätter umgeben den in einer harten Spitze auslaufenden Stengel. Diese Pflanzen wachsen vorzugsweise in den Regs, während das Drin-Gras charakteristisch für Dünenregionen ist.

Die spektakuläre Blütenpracht nach Regenfällen wird dadurch möglich, daß unterirdische Pflanzenorgane die Trockenzeit »auf Sparflamme« verbringen. Das trifft z. B. auf viele aus Zwiebeln keimende Liliengewächse zu.

Auf vergleichbare Weise kann das Wasser in der Tierwelt Fähigkeiten und Verhalten stark prägen. So können z. B. die Mendesantilopen Gewitter fühlen und ihnen instinktiv folgen. In solchen Fällen laufen ihre oft mehrere Kilometer auseinanderliegenden Fährten zusammen.

Mendesantilopen bekommt man fast nie zu Gesicht. Ihr Fell hat die Farbe des Sandes. Diese Antilopen halten sich überwiegend in den Dünen auf. Sie sind ein Pflanzenfresser und verzehren nur bestimmte Pflanzenteile, d. h., sie wählen immer die zartesten Triebe und suchen sich Pflanzen, welche die Nachtfeuchtigkeit aufnehmen können.

Neben der Mendesantilope gehören zu den Säugetieren der Sahara Mufflons, verschiedene Gazellenarten, die Streifenhyäne, einige Raubtiere wie Schakale, Füchse, Fenneks, Geparden, Honigdachse, Igel, Fledermäuse und zahlreiche Nagetiere (Hasen, Wüstenrennmäuse, Springmäuse, Gundis ...).

Nicht nur, daß die meisten Nagetiere der Wüste niemals trinken, sie geben sich darüber hinaus auch mit einer trockenen Nahrung zufrieden, die nur 10 Prozent Wasser enthält. Diese Nager sind Teil einer Ernährungskette, deren Wasserhaushalt bemerkenswert sparsam ist. Die Wanderheuschrecke, die sich von Gräsern ernährt, wird von der Eidechse gefressen. Diese wird von Vögeln als Kost besonders geschätzt, die ihrerseits wiederum für Säugetiere zur Beute werden können. Nur der körnerfressende Vogel muß trinken. Bei vielen insektenfressenden Vogelarten ist dagegen der Flüssigkeitsbedarf sehr

◀ Von der Sandrose bis zum Oleander wird es deutlich: Die Wüste ist eine Gärtnerin, die in die Schönheit verliebt ist.

▼ Zwischen den Dünen breitet die Akazie ihre schattenspendende Krone aus.

▲ ▶ **»Wenn man in der Wüste lebt, dann lernt man, gleichmütig bittere Not und Überfluß anzunehmen. Die Ewigkeit der Welt ist vergänglich, die Blüte, die nur einen Tag blüht, rechtfertigt manchmal die gesamte Menschheitsgeschichte.« (Albert Camus)**

eingeschränkt, und einige können sich sogar von Eidechsen ernähren, die sie in Stücke hacken.

Das Kamel, das einen eigenen Mechanismus zur Wärmeregulierung besitzt, kann seine Körpertemperatur wassersparend verändern. Sie kann bis auf 41 Grad ansteigen, ohne die Gesundheit des Tieres zu gefährden, aber am Morgen beträgt die Körpertemperatur nur 34 Grad.

Calotropis procera oder »Sodomsapfel« (Niger)

Cistanchen (Algerien)

Distel und Oleander (Algerien)

Ranunkel (Niger)

◀ ▲ **Vorboten des Paradieses und der Hölle: Gazellen und Hornviper.**

VÖLKER UND TRADITIONEN

»Der Tod ist uns näher, als das Lid dem Auge nahe ist. Dein Freund sei wie die Sonne. Und deine Frau sei den Sternen in der Nacht gleich. Deine Freude sei, zu allem gut zu sein, was atmet.«
(Gedicht aus der Sahara)

▲ Die kummervolle Schönheit einer kleinen Evastochter im Garten Eden der Oase.

Die Bevölkerung der Sahara ist schwer zu beziffern, denn die territorialen Grenzen sind nicht genau definiert, und die von den einzelnen Staaten oder von internationalen Organisationen erstellten Statistiken beruhen nicht auf denselben Grundlagen. Die hier angegebenen Zahlen sind also Schätzungen.

In Mauretanien, im Westen der Sahara, leben die Mauren (arabisierte Berber), deren Volk 500 000 Nomaden und 100 000 Seßhafte umfaßt. Die Westsahara (ehemals Spanisch-Sahara) zählt 40 000 Seßhafte, und die Zahl der berühmten Reguibats beläuft sich nur mehr auf 20 000. Die marokkanische Sahara beherbergt 15 000 berberische Seßhafte und 30 000 Nomaden.

Im Süden Algeriens wird die Bevölkerung auf 620 000 geschätzt. Zwei Drittel davon sind seßhaft. Allgemein gilt, daß die Nomaden im Norden Araber und im Süden Berber sind. Die Nomaden des Südens, die Tuareg, ziehen aber auch durch den Norden Malis, des Niger und des Tschad. Im Fezzan leben 30 000 Seßhafte und 10 000 Halbnomaden. Die Berber im Süden Tunesiens sind seßhaft geworden.

Die im Tibesti, im Borku und im Ennedi lebenden Tubu gehören einer eigenen Rasse an, die weder berberisch noch semitisch ist. Hier stehen etwa 10 000 Seßhafte 35 000 Nomaden gegenüber. Sie leben in Nachbarschaftskontakt mit den Arabern des Tschad (25 000). Die seßhaften Saharabewohner des Sudan und Ägyptens werden auf 15 000 bzw. 30 000 geschätzt.

Das Nomadenleben ist entbehrungsreich, aber es bleibt ein Musterbeispiel für biologische Überlebenskraft und Anpassung an eine lebensfeindliche Umgebung. Leider gibt es Regierungen, die auf die kulturellen Eigenheiten der Nomadenvölker keine Rücksicht nehmen und damit ihr Leben bedrohen.

Die Tuareg

Man nennt sie »blaue Männer« wegen der Kopfbedeckung, deren Indigoblau auf ihr Gesicht abfärbt. Sie besteht aus einem Stück Tuch, das 1,5 bis 4 Meter lang und 0,25 bis 0,5 Meter breit ist. Die Art, wie dieser Schleier um den Kopf geschlungen wird, folgt genauen Regeln,

▲ **Das Hoggargebirge erreicht eine Höhe von fast 3000 Metern. Am Fuß dieser Berge ist der Morgen im Winter sehr kalt. Das Thermometer kann bis auf 15 Grad minus fallen.**

die aber von Stamm zu Stamm unterschiedlich sind. Ursprünglich kommt diese Kopfbedeckung aus Nigeria.

Die Tuareg gehören der weißen Rasse an und leben in verschiedenen Stammesverbänden. Als wichtigste seien genannt die Kel Ahaggar (Leute aus dem Hoggar), die Kel Ajjer, die Kel Air, die Kel Adrar oder Iforas, die Jullemmeden, die Tengueridiff. Die Tuaregbevölkerung wird auf eine Million geschätzt.

Ihre Hauptbeschäftigung ist nach wie vor die Aufzucht des einhöckrigen Kamels (Dromedars). Die Milchprodukte, die dieses Tier liefert, stellen die Nahrungsgrundlage dar. Die Tuareg waren ein kriegerisches Volk, das auch heute noch Feldarbeit verachtet und von den Nachkommen seiner Sklaven verrichten läßt. Früher lebten diese Viehzüchter, die mit ihren Lederzelten umherziehen, von dem, was sie auf ihren Raubzügen erbeuteten, aber auch vom Tauschhandel. Durch Tausch bekommen sie Hirse, Weizen, Reis und Datteln, die eine wichtige Ergänzung ihrer Kost darstellen.

Gemeinsamer sprachlicher Nenner ist das Tamaschek. Die Tuareg selbst bezeichnen sich als Kel Tamaschek (die Tamaschek-Leute). Das Wort Tuareg (Singularform: Targi) ist arabischen Ursprungs. Diese

▼ ◀ Das einhöckrige Kamel (Dromedar) und die Gerba (Wasserschlauch aus Ziegenhaut) sind für eine Wüstendurchquerung unerläßliche Begleiter. Ein wohlgenährtes Kamel kann bis zu 350 Kilo tragen.

▲ ▶ **Die Reittiere der Wüste wechseln je nach Bodenbeschaffenheit und Weidemöglichkeiten. Von der Steppenvegetation bis zum Wüstensand des Erg sind es nacheinander Pferd, Esel und Kamel.**

▲ ◀ »Als Gott die Welt erschuf, nahm er den Wind, und mit dem Wind schuf er die Beduinen. Dann nahm er einen Pfeil, und mit diesem Pfeil schuf er das Pferd. Dann nahm er Erde, und mit dieser Erde schuf er den Esel. Dann nahm er aus purem Mitleid die Exkremente des Esels, und mit diesen Exkrementen schuf er die Bauern und die Stadtbewohner.«
(Sprichwort der Beduinen)

▲ **Erst Kamelkarawanen haben in der Wüste Transportmöglichkeiten geschaffen. Die Kamelzucht gehört deshalb zu den traditionsreichsten Aufgaben der Tuareg. Die Tuareg sind Moslems, haben aber die Bräuche aus ihrer kriegerischen Vergangenheit bewahrt. Das Gesicht wird nicht nur zum Schutz vor klimatischen Unbilden, sondern auch aus taktischen Gründen verschleiert.**

Sprache verfügt über eine eigene Schrift, das Tifinar, das sich vom alten libyschen Alphabet herleitet.

Die politische Organisation der Tuareg ist für alle Stämme gleich. Jedem Verband – auch Konföderation genannt – steht ein Amenokal, ein aus den Reihen der Adeligen gewählter Anführer, vor. Die Tuaregbevölkerung besteht aber nicht nur aus Adeligen und Kriegern, sondern auch aus Handwerkern, aus den sog. »Heiligen Männern« (den Marabuts) und den ehemaligen Sklaven, die genau definierte Aufgaben zu erfüllen haben.

Die Frau genießt eine bevorzugte Stellung. Das Sozialgefüge beruht in der Tat auf dem matrilinearen Prinzip. Erbe und Nachfolge werden durch die mütterliche Linie bestimmt. Die Ehe ist in den meistens Fällen monogam. Die Tuaregfrau spielt auch kulturell eine herausragende Rolle. Von den häuslichen Arbeiten sind die Frauen, vor allem die der Adeligen, durch Dienstpersonal befreit, so daß sie sich dem Kunsthandwerk, der Dichtkunst oder der Musik widmen können. Davon gibt es beredte Zeugnisse. Das Werk Charles de Foucaulds, in dem viele Tuaregdichtungen gesammelt sind, zeigt, welchen geistigen Einfluß sie auf die Kultur des Sahararaumes ausgeübt haben.

▲ »Wenn die Hand sittsam ist, ist die Tagella gut«, sagt ein Sprichwort. Die Tagella ist ein Brotfladen aus Weizenmehl.

▶ Die Sandwolke erscheint am Horizont. Ein Unwetter steht bevor, und die Zeltöffnungen wurden geschlossen.

▲ **Raststätte an einer Piste im Air. Ihre Mahlzeiten nehmen die Tuareg auf dem Boden kauernd ein. Die Ernährung schwankt in bezug auf Menge und Nährwert je nach Jahreszeit, Jahr und Region.**

»Die Schönheit einer Frau stellt die Sonne in den Schatten…
Sie schimmert wie das Licht des Mondes oder des Sterns, der ihn begleitet.
Ihr Auge gleicht dem der Gazelle. Wie soll man ihren Duft beschreiben?«
(Foucauld, 1925, Bd. I, 368-372)

Die Tubu

Ähnlichkeiten in Lebensart und Kleidung haben dazu geführt, daß die Tubu oder Teda fälschlicherweise mit den schwarzen Tuareg gleichgesetzt wurden. Es bestehen jedoch wesentliche Unterschiede. Das Sozialgefüge der Tubu beruht auf dem patrilinearen System, und ihre Sprache gehört zur Gruppe der Mali-Tschad-Sprachen, während die Tuareg eine Art Berbersprache sprechen. Ihre Bevölkerung wird auf 100 000 geschätzt, und ihr Verbreitungsgebiet ist der mittlere Teil der Südsahara, genauer gesagt, Tibesti, Ennedi und Fezzan. Und schließlich ist die Hautfarbe der Tubu tiefschwarz.

Wie die Tuareg sind auch die Tubu in erster Linie nomadisierende Viehzüchter. Die im Norden lebenden Stämme züchten Kamele und Ziegen, im Süden wird Rinderzucht betrieben. Früher spielten Raubzüge für das Wirtschaftsleben der Tubu eine große Rolle. Das Feudal-

»Von Brunnen zu Brunnen,
von Mund zu Mund
halten wir den Glauben aufrecht an einen üppigen Garten voller Saft und verborgenen Düften.
Aus den Lenden der Erde
treiben Knospen und doch:
Von einem Brunnen zum
anderen wächst die Not.«
(Lorand Gaspar)

▲ **Seit Anbeginn der Zeiten begrenzen drei Steine die Feuerstelle des Lagers. Holz wird heute aber zusehends seltener.**

erbe drückt der stark hierarchisch strukturierten Gesellschaft auch heute noch seinen Stempel auf.

Manche Stämme bilden eine echte Adelsgesellschaft. Ihr Anführer ist der Stammeschef (Derdé), und sie herrschen über die freien Vasallen, die Diener, die Sklaven und die in Kasten zusammengefaßten Handwerker.

Die Mauren

Die im äußersten Westen lebenden Mauren haben eine hierarchisch strukturierte, aber gleichzeitig dezentralisierte Gesellschaftsform. Die Grundeinheit ist auch hier der Stamm, über den zwei Adelsschichten herrschen. Die eine besteht aus den Kriegern, die andere aus den Marabuts. Letztere haben dem Islam im Lauf der Jahrhunderte (insbesondere im XVIII. Jahrhundert) zu einer geistigen Stellung von Rang verholfen. Die Sprache, das Hassanya, ist ein arabo-berberischer Dialekt, der die vor der arabischen Eroberung gesprochene Berbersprache praktisch verdrängt hat.

Die maurischen Frauen waren früher das Opfer von Praktiken, gegen die auch heute noch die Behörden zu kämpfen haben: die Mä-

▲ **Tuareg unterwegs in der Dämmerung. Der »Blaue Mann« trägt immer die Farbe des Himmels, der ihn ehedem in den Rang eines Herrn der Wüste erhob.**

stung junger Mädchen aus vornehmen Familien. Die noch nicht geschlechtsreifen (acht oder neun Jahre alten) Mädchen wurden besonderen Dienerinnen oder Matronen anvertraut. Deren Aufgabe war es, sie mehrere Monate lang mit Kamelmilch zu mästen, um sie fett und unförmig zu machen, mit dem Ziel, sie möglichen Ehemännern vorzuführen. Die Idealvorstellung von der dicken Frau läßt einen weiblichen Fruchtbarkeits- und Überflußmythos wiederaufleben, der in manchen Gegenden Afrikas tief verwurzelt ist.

»Das Zelt stehe dem Reisenden offen wie die Moschee dem Gläubigen.«
(Tuareg-Sprichwort)

Allen Völkern, die in dieser acht Millionen Quadratkilometer großen Einsamkeit leben, ist ein gesellschaftliches Ritual gemeinsam: das »atey«. In der Sahara gibt es keine Begegnung, kein Gespräch, keine Rast ohne die Teezeremonie. Man braucht dazu Wasser, Feuer, grünen Tee, Zucker, zwei Teekannen und kleine Gläser. Der »Zelebrierende« beginnt mit einem Dank an Gott: »Bismillah ...«. Dann wäscht er den Tee. Als nächstes beginnt ein Ballett für zwei Hände und zwei Teekan-

nen, bei dem Gewandtheit mit der Präzision und Koordination der Gesten wetteifert.

Zunächst läßt man Wasser und Tee in der ersten Teekanne so lange kochen, bis sie »singt«. Dann wird das Gebräu in die zweite Kanne umgegossen. Man fügt Zucker hinzu und mischt, indem der Inhalt der Teekanne mehrmals in ein Glas umgeschüttet wird. All das geschieht mit genau bemessenen Gesten. Aus immer größerer Höhe fließt der Tee in goldfarbenem Bogen in das Glas, und wenn er anfängt zu schäumen, kann er endlich verkostet werden.

Dieses Ritual wiederholt sich dreimal. Der erste Aufguß ist stark, der zweite weniger, und der dritte ist für alle trinkbar! Jeder unter dem großen Zelt genießt die Begegnung und das Teilen in einer Gastfreundschaft, die für die Bewohner der Wüste sprichwörtlich ist. Auf der einen Seite des Zeltes oder der Zeriba ein Metalltopf, ein Gewehr, ein Dolch, ein großer Wecker, auf der anderen große Säcke aus weichem Leder, aus denen Stoffe quellen, Nähschachteln, Schmuckbehälter, Parfums. Die Gerätschaften für das »atey« sind in einem bemalten und mit Kupfer beschlagenen Holzköfferchen untergebracht.

Die Teezeremonie kann Stunden dauern. Ein alter Mann psalmodiert halblaut und läßt die Kugeln seiner Gebetskette durch die Finger gleiten. Eine Frau läßt sich von einer anderen kämmen, einölen oder salben. Draußen, am Zeltrand, spielen die Kinder mit kleinen Kamelen, die aus alten Stoffetzen oder Lederresten gefertigt sind.

Die kleinen Prinzen

Überall in der Sahara widmen sich die Kinder Spielen, die wenig Bewegung erfordern und im Sitzen oder Kauern gespielt werden: Murmelspiele, Spiele mit Kreiseln, dame- oder schachähnliche Brettspiele, etc. Die Spielsteine bestehen im allgemeinen aus getrocknetem Kamelkot, der die Form kleiner Walzen hat. Bei den Tuareg kommen Steine dazu, im Souf kleine Sandrosen.

Eine Reihe von Spielen können aber wesentlich turbulenter sein. Im Souf werden auf Stelzen aus Palmholz Zugvögel nachgeahmt. In Ouargla spielt man ein Spiel mit dem Namen »khazzer«, eine Art Sahara-Hockey. Zwei Mannschaften treiben mit Hockeyschlägern einen harten, mit Ziegenhaar gefüllten Lederball über ein Spielfeld hin und her. Die Schläger sind aus einem Palmzweig gemacht, der am Ende gebogen ist.

Manche Vergnügungen sind Vorbereitungsspiele auf das Nomadenleben. So hängen sich beispielsweise Kinder an den Schwanz junger Kamele und lassen sich von dem wütenden Tier mitschleifen, das versucht, sich im Galopp so schnell wie möglich von der unangenehmen Last zu befreien.

▲ Die Tuareggesellschaft umfaßt sowohl Abkömmlinge von Sklaven, die Bauern wurden, als auch Schmiede, die Werkzeuge, Waffen und Schlösser etc. herstellen. Sie alle tun sich schwer, unter den immer problematischer werdenden Bedingungen zu überleben.

◀ »In diesen Gegenden hindert einen der Sturm oft – genau wie auf See – am Vorwärtskommen. Wenn sich der Wind in diesen vegetationslosen Ebenen erhebt, wirbelt er Sand auf und treibt ihn gewaltsam vor sich her, er peitscht ihn ins Gesicht und füllt die Augen. Man sieht nichts mehr vor sich, und man kommt nur noch langsam vorwärts.« (Sallust)

▲ **Atar (Mauretanien). Schmiede bei der Arbeit an einem Dolch. Dieser Handwerkerkaste werden in der maurischen Gesellschaft magische Kräfte zugeschrieben.**

In Internaten, in denen junge Tuareg erzogen werden, kann man während der Pausen beobachten, wie sich die Schüler damit vergnügen, Tierspuren nachzuzeichnen, die von den anderen Mitschülern erraten werden müssen.

Vor der Unabhängigkeit erwarben ihre Väter in Nomadenschulen, die von Lehrern aus der Hauptstadt organisiert wurden, Grundkenntnisse der französischen Sprache. Heute gibt es in vielen Dörfern des Hoggar und des Air etc. Grundschulen, manchmal auch Internate. Tamanrasset hat sogar eine Höhere Schule. Die Lehrer sind Algerier, Tuareg, Palästinenser oder auch Franzosen. Man spricht dort Arabisch. Das Tamaschek ist dem privaten Austausch innerhalb des Stammes vorbehalten. Durch die Stammesangehörigen erfolgt auch die gründliche Einweisung in die Nomadenkultur, die im Umfeld der umherziehenden Viehherden und des von Männern betriebenen Karawanenhandels entstanden ist. Zwar ist der Karawanenhandel heute eindeutig rückläufig – es gibt sie aber immer noch, die berühmte Salzkarawane im Air, zwischen Bilma und Agadez. Die Karawane (1000 bis 3000 Kamele) bildet sich an dem Tag, an dem der erste Stern des Großen Bären im Morgengrauen am Horizont erscheint. Dieser Tag

◀ **Peulfrauen im Niger. Zartgliedrigkeit und Eleganz dieser Frauen sind ebenso sprichwörtlich wie die Ausdauer, mit der sie im Mörser Hirse und Sorgho zu Mehl und Grieß verarbeiten.**

▼ **Sandspiel in Segou. Segou liegt in Mali zwischen Bamako und Timbuktu und war zu Ende des XVIII. Jahrhunderts ein blühendes Reich, dessen Macht auf Krieg beruhte.**

◀◀ **Teezeremonie**

◀ **Die Schwester wacht über den kleinen Prinzen.**

▲ **Nigrischer Schüler mit seiner Tafel aus Palmenholz.**

▲ **Timimoun. Über ein Netz von Seguias (Kanälen) gelangt das Wasser in den Palmenhain. Sobald genügend Wasser vorhanden ist, zeigt sich der Boden der Sahara von seiner großzügigen Seite. Zwiebeln, Tomaten, Salat, Zucchini, Minze und Paprika gedeihen im Übermaß.**

wird im vorhinein von den »Astronomen von Agadez« festgelegt. Auf dem Hinweg sind die Kamele mit Säcken voll Hirse, Zucker, Tee, Trockenfleisch, Stoffen und vielem anderen beladen, und auf dem Rückweg transportiert die Karawane Salz in Kegeln oder in anderen Formen. Grundlage dieses Geschäfts ist der Tauschhandel.

◀ ▼ In der Provinz Brakna in Mauretanien konnten durch die Anlage von Staudämmen Wasserreserven geschaffen werden, die eine voll mechanisierte, fast industrielle Landwirtschaft ermöglichen, wie hier unten in Algerien.

◀ ▲ Der Kampf gegen die Ausbreitung der Wüste in der Sahelzone ist eine Frage des Überlebens. An der Schwelle zum 3. Jahrtausend zeugen diese Kämpfer für die Hoffnung von einer »Terre des Hommes«, einer Welt der Menschen, die immer wieder erobert werden muß.

▼ ◀ **Das Wasser grenzt die Oasen gegen die Leere, den Durst und die Isolation ab. Das Nomadenleben ist hart. Übrigens: Das Wort »çahara« ist die weibliche Form von çaharou = Weiß mit Rot vermischt, falb, fahlrot. Dieses Wort bezeichnet auch den Löwen.**

▲ ▶ Lange Zeit war die Dattelpalme die wichtigste Grundlage der Wirtschaft und ihre Frucht die Grundnahrung der Saharabewohner. Fünfzehn Jahre muß ein Baum wachsen, bevor er Früchte trägt.

▲ ◀ **Tinchrir (Marokko). Erde und Stille umgibt hier den Palmenhain. »Ich werde in meinem Stolz sterben nach zahlreichen Tagen, gleich dem Palmbaum. Meine Wurzeln reichen ins Wasser, und nachts legt sich der Tau auf meine Blätter.« (Hiob, 29)**

▲ ▶ **Zwischen dem Mozabitenhaus und dem Dorf nomadisierender Hirten im Nigerbogen liegt eine große Vielfalt von Wohnmöglichkeiten. In der Sahara hängt die Art des Wohnens von der Bodenbeschaffenheit, der sozialen Stellung, der Lebensart und der Jahreszeit ab. So tauschen die Tuareg während der heißen Jahreszeit das Lederzelt gegen die Zeriba, eine leichte Hütte aus Palmen- oder Schilfgeflecht.**

▲ ▶ Wie hier in Chinguetti (Mauretanien) bereiten die Wüstenschulen die Saharabewohner auf einen tiefgreifenden Wandel vor. Das kommt schon in den Schulbüchern zum Ausdruck. Man spricht jetzt nicht mehr von Nomaden, sondern von Viehzüchtern. Das Gegensatzpaar Nomade – Seßhafter macht dem Begriffspaar Viehzüchter – Ackerbauer Platz. Nomadengebiet wird zum Hirtenland und das Nomadentum zur Transhumanz oder jahreszeitlich bedingten Wanderbewegung.

GLOSSAR

Abankor: Wasserstelle

Abarraka: Weg

Achaba: jahreszeitlich bedingte Wanderbewegung der Nomaden mit ihren Herden

Acheb: ephemere, d.h. jahrelang keimfähige Pflanze mit kurzen Wurzeln, die nach Regenfällen rasch wächst und eine Weide, die sog. Acheb-Flora, bildet

Aferzu: Grasgattung (Panicum turgidum)

Ag: auf tamaschek = Sohn von ...

Agelman/Agelmam (oder Guelta): Sammelname für alle natürlichen Wasservorkommen

Aid: Fest

Ain: Quelle

Amenokal: gewähltes Oberhaupt einer Tamaschek-Konföderation, wörtl. etwa »Herr des Landes«

Amrar: Ältester, Führer einer Stammesgruppe (auf arabisch = Scheich)

Anu: Brunnen, Wasserloch

Assalai/Azalai: Salzkarawane zwischen Bilma und Agadez

Bab: Tür, Tor

Bour: Ackerbau auf Bewässerungsbasis

Chorba: Suppe aus Fadennudeln, Tomaten und Zwiebeln

Cram-cram: Grasgattung; Sudanklette; typisches Gewächs des Sahel

Dschebel/Djebel: Berg, Gebirgsrelief

Dschnun/Djnoun: (guter oder böser) Geist; Plural: Dschinn/Djinn

Dschuf/Chouf: Geländebecken, wörtl. »Bauch«

Drin: Grasgattung

Erg: Dünenregion

Feschfesch: tiefer Staubboden

Fissa: schnell

Foggara: unterirdisches Kanalsystem, das Wasser in die Oase leitet

Gara: Tafelberg, der aus einem Reg (mit Steinen übersäte Ebene) aufragt

Guelta: Regenwasseransammlung in felsigem Gelände

Gerba: Wasserschlauch aus Ziegenfell

Hadsch: Mekkapilger

Hamada: Steinblockwüste; Schutt- und Steinwüste

Haratin: Gärtner; Oasenbauer

Hassi: Brunnen, Wasserloch

Imam: muslimischer Geistlicher

Imzad: kleines einsaitiges Streichinstrument

Kesra: Fladen aus Weizenmehl, der in Asche gebacken wird

Maghreb: Land, in dem die Sonne untergeht (Westen)

Marcouba: Grasgattung

Mula mula: »Wüstensperling«, Weißbürzelsteinschmätzer (Glücksbringer)

Nakla: Dattelpalme

Rahla: Kamelsattel

Roumi: Europäer

Saruel: lange Pluderhose

Schott/Chott: Salzsee; Salzsumpf; Salzschlammwüste

Seguia: Bewässerungskanal

Takuba: zweischneidiges Schwert

Tindi (auch *tindé*): Mörser; im weitesten Sinn, Fest (*tendi*), in dessen Verlauf die Tuaregfrauen den mit einer Haut überspannten Mörser als Trommel benützen

Tobol: Trommel des Amenokal (auch: ettebel)

Wadi: Flußtal, das nur zeitweise Wasser führt

Zaouia: religiöse Bruderschaft

Zeriba: Hütte aus Schilf oder Stroh

Text: Jean-Yves Montagu
Photos: Gamma, Paris und Explorer, Paris

Übersetzung: Elisabeth Stiefenhofer, München
Herstellung: Maasburg GmbH, München
Druck: Vincenzo Bona, Turin
Printed in Italy
ISBN 3 86047 086 8

Lebendiges Stuttgart
Lively Stuttgart
Stuttgart: ville vivante

Stuttgart leuchtet. Ob es um die Zufriedenheit der Bürgerinnen und Bürger mit ihrer Stadt, die Zukunftserwartungen, die niedrige Kriminalitätsrate oder die zahlreichen Genießeradressen geht – die baden-württembergische Landeshauptstadt steht glänzend da.

In etlichen Ranglisten findet sich Stuttgart weit oben und ganz vorn. Während andere Städte an Reiz und Einwohnern verlieren, wird die Schwabenmetropole immer lebendiger und quirliger, an vielen Ecken und Plätzen auch lebenswerter. Stuttgart also, Stadt der Superlative? Schon allein die sprichwörtliche schwäbische Bescheidenheit bringt die Dinge wieder ins Lot. Die Stuttgarter sind selbstbewusst, halten damit aber im Zweifel hinter dem Berg. Sie sind erfolgreich, stellen das aber nicht unbedingt zur Schau.

Nicht nur Zahlen und Platzierungen, auch der fortdauernde Zuzug von Neubürgern aus dem In- wie Ausland sowie der in den letzten Jahren stetig anschwellende Touristenstrom sprechen für sich. Und überzeugen auch Alteingesessene:

Es muss etwas dran sein an den Vorteilen und Vorzügen dieser Stadt. Tatsächlich braucht die Landeshauptstadt ihre Reize nicht zu verstecken. Eine großartige Lage, ein vielfältiges Kulturleben, sportliche Großereignisse, ungewöhnliche Museen – Stuttgart hat vieles zu bieten. Unübersehbar außerdem: Die Stadt ist in den vergangenen Jahren vielerorts schöner geworden, neue Attraktionen strahlen aus.

Stuttgart is a shining example of a developing modern city, as witnessed by the high level of satisfaction of the population, the future expectations, the lowest unemployment rate in the country and the low level of crime. Whatever the theme and ratings, Stuttgart is always up at the top and way ahead of the competition.

Stuttgart always features at the top of the ranking lists. Whilst other cities are losing their appeal and their populations are dwindling, the dynamism and esprit of this metropolis in Swabia continues to grow making it more and more attractive. Is Stuttgart the ultimate city? This certainly isn't a term the modest people of Stuttgart would use themselves; whilst not short of success or self-confidence, they prefer not to show it.

However it is not just the statistics or high ratings in top ten lists which show how popular Stuttgart is; a continuous growth in the number of new citizens from home and abroad together with the tourist figures that have continued to grow over the past few years speaks for itself and goes a long way to convincing the most obdurate of sceptics that yes, this city must have some good points. Actually, the city has no need to be modest about its achievements: its wonderful location, a varied and diverse cultural programme, international sporting events, unusual museums and numerous attractions all mean that Stuttgart has a lot to offer. Also, the city has become more beautiful in recent years, with many new attractions.

Stuttgart est lumineuse. Qu'il s'agisse de la satisfaction des habitants avec leur ville, des attentes en l'avenir, des taux de chômage et de criminalité les plus bas, la capitale régionale du Bade-Wurtemberg fait figure de proue. Et très souvent Stuttgart se range en haut des palmarès.

Tandis que d'autres villes perdent en attraction et en habitants, la métropole souabe, elle, de plus en plus vivante et animée, gagne à bien des endroits en qualité de vie. Stuttgart, ville de tous les superlatifs? La légendaire modestie souabe remet vite les choses à leur place. Les habitants de Stuttgart ont confiance en eux, mais dans le doute, ils en font mystère. La réussite leur sourit mais ils n'en font pas forcément étalage.

Non seulement les chiffres et les classements sont éloquents, mais aussi l'arrivée permanente de nouveaux habitants venus d'Allemagne ou de l'étranger, ainsi que l'afflux de touristes, toujours plus important ces dernières années. Et ils savent convaincre aussi ceux qui sont établis ici depuis longtemps: les avantages et les attraits de cette ville sont bien une réalité. Et la capitale régionale n'a vraiment pas besoin de dissimuler ses charmes. Une situation géographique unique, une vie culturelle diversifiée, de grands évènements sportifs, des musées exceptionnels – Stuttgart a beaucoup à offrir. Et ce qui saute aux yeux: au cours des années passées, la ville s'est embellie en de nombreux endroits, de nouvelles attractions augmentent son attrait.

Stadt im Grünen
The green city
Ville d'espaces verts

Was Stuttgart mit Rom und San Francisco gemein hat? Die italienische Hauptstadt liegt auf sieben Hügeln, und in der nordkalifornischen Metropole braucht man Cable Cars, um die enormen Steigungen zu überwinden. Höhenunterschiede gibt's auch in Stuttgart. Allerdings: Stuttgart ist grüner.

Buckel und Berge, Täler und Falten, Kuppen und Kessel, Anhöhen und Hochebenen – die baden-württembergische Landeshauptstadt hat alles im Angebot. Und noch viel mehr: Wälder, Weinberge, jede Menge Aussichtspunkte. Um Steigungen und Gefälle zu überwinden, stehen zwar keine Cable Cars zur Verfügung, aber neben dem gut ausgebauten Straßen- und U-Bahn-Netz gibt es sogar eine Standseil- sowie eine Zahnradbahn – und die Stäffele. Von ihnen finden sich in der Stadt ein paar hundert, zumeist steil und schön anzuschauen. Sie sind ein typisches Stuttgarter Kulturgut, mögen ihre Benutzer noch so sehr ins Schwitzen kommen.

Tief drunten im Tal, auf einst sumpfigem Gelände befindet sich die Keimzelle der Stadt. Um die Mitte des 10. Jahrhunderts entstand ungefähr da, wo heute Altes Schloss und Stiftskirche stehen, ein Gestüt. „Stuot" bezeichnete im Althochdeutschen eine Pferdegruppe, „Stuotgart" ein eingefriedetes Gehege. Wo einst das Gestüt war, befindet sich heute die pulsierende City.

What has Stuttgart got in common with Rome and San Francisco? The Italian capital is surrounded by seven hills and in the city in Northern California they need cable cars for their steep slopes. Stuttgart is just as hilly but Stuttgart is much greener.

Undulations and mounds, valleys and folds, summits and basins, hills and plateaux, as well as woods, vineyards and plenty of viewing points – the administrative capital of Baden-Württemberg has a lot to offer. Whilst the city cannot boast cable cars on its steep hills, it has an excellent tram and underground system and even a cable railway, a rack-railway and many flights of steps ("Stäffele"). Because there are at least a couple of hundred of the latter in this hilly city, they are an integral part of the city's culture, still well-loved, despite the effort needed to climb them.

The origins of the city lie way down below in the basin in a once swampy area. In the middle of the 10th century, approximately where the "Old Schloss" and the "Stifts" church stand today, a stud farm was built. In Old German "Stuot" meant a group of horses and "Stuotgart" meant an enclosure where horses were kept. Where this stud farm once stood is now a booming city.

Qu'y a-t-il de commun entre Stuttgart, Rome et San Francisco? La capitale italienne est située sur sept collines et dans la métropole du nord de la Californie, il faut recourir aux Cable Cars pour venir à bout des pentes considérables. Stuttgart elle aussi est riche en dénivellements. La différence: Stuttgart est plus verte.

Tertres et montagnes, vallées et plissements, sommets arrondis et cuvettes encaissées, collines et plateaux, la capitale régionale du Bade-Wurtemberg a tout à offrir. Et bien plus encore: forêts, côteaux de vignobles, innombrables points de vue. Pour surmonter les pentes et les descentes, pas de Cable Cars mais, en dehors d'un réseau bien développé de tramways et de lignes de métro, on dispose aussi d'un funiculaire, d'un chemin de fer à crémaillère et des «Stäffele» (escaliers). Il en existe des centaines dans la ville, raides pour la plupart et beaux à regarder. Ils représentent un patrimoine important de Stuttgart, quoiqu'il en coûte de sueur à ses usagers.

En bas, dans la vallée, se trouve le berceau historique de la ville, que recouvraient jadis des marécages. Vers le milieu du Xe siècle existait à cet endroit, c'est-à-dire à l'emplacement actuel de l'«Altes Schloss» (l'ancien château) et de la «Stiftskirche» (l'église collégiale), un haras. En ancien haut allemand, le mot «stuot» désigne un troupeau de chevaux et «Stuotgart» une enceinte clôturée. Ce qui était autrefois le haras est aujourd'hui le cœur battant de la cité.

Stuttgart ohne Rösser – das wäre wie Schwaben ohne Trollinger

Stuttgart without horses – is like Swabia without Trollinger

Stuttgart sans chevaux – ce serait comme les Souabes sans Trollinger

G

Wasserspiele
am Schlossplatz

Water games
at the Schlossplatz

Jeux d'eau sur la Schlossplatz
(Place du château)

Die Johanneskirche am Feuersee

The Johannes church by the Feuersee

L'église Saint-Jean au Feuersee

Die ungewöhnliche Lage der Stadt prägt immer noch Alltag und Lebensgefühl ihrer Bürger, verblüfft oft genug ihre Besucher. Die da drunten, die da oben: An heißen Tagen etwa mögen manche wohlsituierten Bewohner der begehrten Halbhöhenlagen mitleidig lächeln über jene, die im „Kessel" schmoren. Doch es geht auch umgekehrt: Ist's oben noch recht frisch, kann man sich drunten womöglich bereits des lästigen Mantels entledigen. Bei starkem Schneefall verwandelt sich die Neue Weinsteige bisweilen in eine unpassierbare Passstraße. In solchen Momenten mag man sich vergegenwärtigen, dass der Bau dieser kurvenreichen Straße vor fast 200 Jahren

The unusual location still has an effect on the day-to-day life and the "joie de vivre" of the city, much to the amusement of its visitors. There is a clear distinction made between "them down there" and "them up there". On hot days, some of the well-to-do inhabitants of the much sought-after elevated areas may smile sympathetically on those who have to bear it out in the "Kessel", the basin. But the tables do turn: when the wind gets up on the hills, those in the centre may still be able to walk around without their coats. And during heavy snowfalls in winter the "New Weinsteige" road turns into an almost unnavigable mountain pass. But let's not

La situation exceptionnelle de la ville marque toujours de son empreinte le quotidien et la philosophie de ses habitants et étonne bien souvent les visiteurs. Il y a ceux d'en bas et ceux d'en haut: les jours de grosse chaleur par exemple, nombre d'habitants bien placés sur les mi-hauteurs tant convoitées des collines, aiment à se moquer, un petit sourire compatissant aux lèvres, de ceux qui sont restés dans la «cuvette». Mais l'inverse est vrai aussi: s'il fait encore très frais en haut, on peut déjà enlever les manteaux encombrants en bas. En cas de fortes chutes de neige, la «Neue Weinsteige» (nouvelle montée des vignobles) se transforme parfois en

Halbhöhe: am Hang und schon halb im Grünen – Stuttgarts beliebteste Wohnlagen

On the slopes: half in the city, half in the country – Stuttgart's most desirable residential areas

A moitié sur la colline et déjà à moitié dans la verdure – les meilleurs endroits à vivre de Stuttgart

Oft idyllisch und verwunschen, immer anstrengend: die Stäffele

Often idyllic and delightful, always hard work: the Stäffele (city steps)

Souvent idylliques et enchanteurs, toujours éreintants: les Stäffele (escaliers)

Blick über die Stadt in Richtung Neckar, mit Fernmelde- und Fernsehturm

A view over the city towards the Neckar, with the radio and television towers

Vue de la ville en direction du Neckar, avec tour-relais de télécommunication et de télévision

→
Grüne Lunge mitten in der City

The green lung in the middle of the city

Poumon vert en plein centre-ville

↓
Mediterranes Flair am Eugensplatz

Mediterranean flair at Eugensplatz

Ambiance méditerrannéenne sur la Eugensplatz

noch eine technische Meisterleistung war. Oder dass die Alte Weinsteige, die steilere Vorgängerin, so manchen Achsbruch verursachte, und dass hier einst nicht wenige Schindmähren ihr Leben aushauchten.

Die krassen Unterschiede zwischen Keuperhöhen und lieblichen Talauen, zwischen urbanem Flair drunten und dörflicher Vorstadtatmosphäre droben – sie machen ein Gutteil des Charmes von Stuttgart aus. Die Besiedlung der Stadt musste Rücksicht nehmen auf räumliche Gliederung und topographische Besonderheiten. Und die Besiedlungsgeschichte der Stadt spiegelt noch heute die Unterschiede wider. Die Cannstatter zum Beispiel pflegen stolz ihre Eigenständigkeit, verweisen auch ungefragt auf die ältere Geschichte ihres Stadtteils, in dem sich bereits Urmenschen und Römer, Franken und Alamannen tummelten, als sich im benachbarten Stuttgart noch Fuchs und Has' gute Nacht sagten.

forget that the construction of this winding road almost 200 years ago was a technical masterpiece – or that the earlier steeper road, the "Old Weinsteige", claimed many a broken axle and the lives of numerous working horses.

The stark contrast between the hills and the charming valleys, and between the city bustle below and the more rural suburbs above, form an integral part of Stuttgart's appeal. The development and the spread of the city were governed both by the space available and the geographical layout of the region. The history of the city settlement still reflects this. The people of Bad Cannstatt for example are proud of their independence and will be happy to remind anyone who will listen of their much older history, of the days when Stuttgart was in the middle of nowhere, and cavemen, Romans, Franks, and Alamannen lived in their district.

route de col impraticable. Rappelons cependant au passage, que la construction de cette route tortueuse il y a presque 200 ans a relevé d'une prouesse technique et que l'ancienne route, la «Alte Weinsteige», encore plus escarpée, avait provoqué la rupture de nombreux essieux et vu périr nombre de haridelles.

Les contrastes créés par les hauteurs de marnes calcaires et les pentes douces des vallées, par le flair citadin du bas et l'atmosphère de banlieue villageoise du haut confèrent à Stuttgart une grande partie de son charme. L'occupation de la ville a dû tenir compte de la structure naturelle des lieux et de ses particularités topographiques. L'histoire de son implantation humaine reflète encore toutes ces différences. Les gens de Cannstatt, par exemple, cultivent par habitude une autonomie qui n'a plus lieu d'être depuis longtemps et renvoient, sans même en avoir été priés, à l'histoire, beaucoup plus ancienne, de leur quartier, foulé par les premiers hommes, les Romains, les Francs et les Alamans, alors même que leur voisine Stuttgart ne comptait pas un chat.

Flanieren zwischen Neuem Schloss und Kunstmuseum

Strolling between the New Schloss and the art museum

Promenade entre le Neuem Schloss (Nouveau Château) et le Kunstmuseum (Musée d'art)

Passstraße mitten in der Stadt:
die Neue Weinsteige

Passstraße in the middle of the city:
the Neue Weinsteige

Une route de col dans la ville:
la Neue Weinsteige (Nouvelle montée de vignobles)

VIEW POINTS

_ Bahnhofsturm
_ Belvedere in der Wilhelma
_ Birkenkopf
_ Bismarckturm
_ Blauer Weg
_ Fernsehturm
_ Karlshöhe
_ Rotenberg
_ Schlaichturm auf dem Killesberg
_ Weißenburgpark
_ Wielandshöhe

→
Im Killesbergpark

In the Killesberg park

Dans le parc de Killesberg

↓
Blick vom Killesbergpark über den Bühlowturm in Richtung Remstal

View from the Killesberg park over the Bühlow Tower towards Remstal

Vue du parc de Killesberg sur la tour Bühlow en direction de Remstal

↑
Im Schlossgarten

In the Schlossgarten

Dans les jardins du château

→
Waldspielplatz beim Bärensee

A playground in the woods by the Bärensee (Bear's lake)

Aire de jeu en forêt au bord du Bärensee (Lac aux ours)

Wer hoch oben steht überm Häusermeer und den Straßenschluchten, auf der Uhlandshöhe etwa, am Belvedere in der Wilhelma oder auf dem Haigst im Süden, am Bismarckturm im Norden oder auf der Karlshöhe oder gar dem Birkenkopf im Westen, dem mag die Historie ziemlich egal sein. Der stellt aber fest, dass Stuttgart eine ausgesprochen grüne Stadt ist. Entsprechend hoch ist der Freizeitwert. Das Angebot ist so vielfältig wie die Stadt in all ihren Stadtteilen und Teilorten. Beliebt ist der Schlossgarten als grüne Lunge mitten in der Stadt. Er weitet sich zu einem gewaltigen U, das sich bis hinauf zum Killesberg zieht. Auf Schusters Rappen lässt sich so die halbe Landeshauptstadt durchstreifen, ohne dass man von Autos und Ampeln behelligt würde. Zu allen Seiten, in allen Himmelsrichtungen laden Parks, Waldwege und Weinberge zum spezifischen Stuttgart-Erlebnis ein – denn topfeben ist's hier fast nirgends.

For someone standing above the sea of houses and the patchwork of streets on the Uhlandshöhe, on the Belvedere in the Wilhelma zoo or maybe on the Haigst to the south, the Bismarck Tower to the north, the Karlshöhe or even Birkenkopf to the west, the history may be unimportant, but they will notice that Stuttgart is an exceptionally green city. Consequently the leisure activities available in Stuttgart are abundant and as diverse as the city and its districts and suburbs. The Schlossgarten park in the centre of the city is highly popular.
It is shaped like an enormous U and stretches right up to Killesberg making it possible to walk through half the city without encountering a single car or set of traffic lights. No matter where you go you will discover parks, woodland paths and vineyards – this is all part of Stuttgart's unique charm. But be warned – it is either all up or down!

Pour celui qui habite tout en haut, qui surplombe cet océan de toits et ces gorges dessinées par le tracé des rues, qu'il habite sur la Uhlandshöhe, au Belvédère de la Wilhelma ou à Haigst au sud, près de la «Bismarckturm» (Tour de Bismarck), au nord, dans le quartier de Karlshöhe, ou même au «Birkenkopf» à l'ouest, l'histoire a sans doute peu d'importance. Mais il peut constater que Stuttgart est dotée d'une surface d'espaces verts exceptionnelle. La valeur des loisirs en prend d'autant plus d'importance. L'offre est aussi variée que le sont les quartiers et les recoins de la ville.
Un endroit très apprécié: les jardins du château, véritables poumons au cœur de la ville. Ils s'étendent en un gigantesque U qui va jusqu'en haut du «Killesberg». On peut parcourir ainsi la moitié de la capitale régionale à pied, sans être importuné par les voitures et les feux rouges. De tous côtés, dans toutes les directions, parcs, chemins forestiers et côteaux de vignobles invitent à vivre les aspects bien particuliers de Stuttgart – car ici, les endroits plats sont rares.

Auf der Karlshöhe
On the Karlshöhe
Sur la Karlshöhe

Die Stadt im Wald:
Stuttgarter Süden

The city in the woods:
south Stuttgart

La ville dans la forêt:
le sud de Stuttgart

↑
Von hohem Freizeitwert:
Max-Eyth-See

High recreational value:
Max-Eyth lake

Très apprécié pendant les loisirs:
le lac Max Eyth

←
Ruhesitz: im Schlossgarten

A place to rest: in the Schlossgarten

Lieu de calme: dans les jardins du château

Kultcharakter haben die Mineralbäder. Und, tatsächlich, welche Großstadt hat schon so etwas zu bieten: Dass mittendrin bestes Mineralwasser aus dem Boden quillt. Nach und nach gewinnt zudem auch der Neckar, der die östlichen Neckarvororte durchfließt, an Attraktivität zurück. Steile Weinterrassen umgeben ihn, urwüchsige Natur gedeiht zu seinen Seiten.

Admiration for the mineral baths is almost a cult here in Stuttgart: where else would you find top quality mineral water flowing from an underground source in another large city like this? The Neckar river that runs through the eastern part of the city is also returning to its former glory, surrounded as it is by steep vineyard terraces and wildlife.

Un véritable culte est voué aux établissements thermaux. Et effet, quelle grande ville peut se targuer de proposer quelque chose de semblable: la meilleure eau minérale jaillissant du sol ici et là. Peu à peu, le Neckar, qui traverse les banlieux retrouve lui aussi de son charme. Des terrasses de vignobles pentues l'entourent, une nature vigoureuse s'épanouit à ses côtés.

Wo Wein wächst:
Stuttgarts Neckarvororte

Where the wine grows:
Stuttgart's Neckar suburbs

Là où pousse la vigne:
les abords de Stuttgart sur les rives du Neckar

Stadt der Wirtschaft
The industrial city
Un pôle économique

Die Stuttgarter sind optimistisch. Sie glauben, dass es sich in ihrer Stadt und in ihrer Region auch in etlichen Jahren gut leben lässt.

Das ergeben Umfragen mit schöner Regelmäßigkeit. Basis dieses Vertrauens sind die auch über Krisenzeiten hinweg guten Wirtschaftsdaten. Die wiederum sind Grund genug, dass nach wie vor viele Menschen aus anderen Regionen Deutschlands ihr Glück ausgerechnet in Stuttgart suchen.

Die baden-württembergische Landeshauptstadt ist seit langem ein begehrter Firmenstandort. Und sie verfügt über das, was gemeinhin als Speckgürtel bezeichnet wird: Die Region hat eine deutlich höhere hohe Beschäftigtenquote als andere vergleichbare Metropolregionen. Sie zählt zu den stärksten Wirtschaftsräumen in ganz Europa.

Weltweit operierende Unternehmen wie Daimler, Celesio oder Bosch haben hier ihren Sitz. Die Sportwagenschmiede Porsche trägt den Namenszug der Stadt Stuttgart sogar in ihrem Markenlogo. Weltfirmen wie IBM haben ihre Deutschlandzentrale hierher verlegt. Doch auch jede Menge erfolgreicher mittelständischer Firmen, die in ihrer Branche, auf ihrem jeweiligen Feld Weltmarktführer sind oder zumindest ein gewichtiges Wörtchen im globalen Wettbewerb mitreden, sind in Stuttgart und Umgebung beheimatet. Hinzu kommen große und kleine Hightech-Unternehmen, ein gesundes Handwerk sowie kapitalstarke Banken, Sparkassen

The people of Stuttgart are optimistic. Regular surveys reveal that they believe the quality of life in Stuttgart and the surrounding region will continue at its current high level for many more years. Their confidence is based on the excellent economic figures despite the current crisis, which are reason enough for many others from regions across Germany to come to Stuttgart to try their luck.

The administrative capital of Baden-Württemberg has been a popular economic centre for years. And it also has a certain degree of affluence: The region has a much higher level of employment than other comparable metropolitan regions. It is one of the most powerful economic regions in Europe and is home to more specialists and highly qualified workers than anywhere else.

Global players such as Daimler, Celesio or Bosch have their headquarters here. The sports car manufacturer Porsche even bears the city's name in its brand logo. Other major companies such as IBM have set up their German headquarters here. There are also numerous successful medium-sized companies located in and around Stuttgart that are either world leaders in their specific sectors, or at least major players in the world markets.

In addition, the city is also home to small and large high-tech companies, a healthy craftsman sector, a number of profitable banks, building societies and insurance companies – including the

Les habitants de Stuttgart sont optimistes. Ils pensent que l'on pourra encore bien vivre à l'avenir dans leur ville et dans leur région. C'est ce que publient les sondages avec une belle régularité. A la base de cette confiance, même en périodes de crise, les bons résultats économiques. Raison pour laquelle beaucoup de personnes d'autres régions d'Allemagne continuent à venir tenter leur chance justement à Stuttgart.

La capitale régionale du Bade-Wurtemberg est depuis longtemps un site économique convoité. Et elle possède ce qu'on appelle en langage populaire «une bonne couche de graisse» :
La région enregistre un taux d'activité nettement supérieur à celui de nombreuses autres métropoles régionales de taille comparable. Elle compte parmi les centres économiques les plus dynamiques de toute l'Europe.

Des groupes opérant à l'échelle internationale, comme Daimler, Celesio ou Bosch y sont implantés. Porsche, le constructeur de voitures de sport, a même introduit le blason de la ville de Stuttgart dans son logo. Des firmes mondiales comme IBM ont choisi d'établir ici leur centrale allemande. Mais on trouve aussi à Stuttgart et dans ses environs le siège de nombreuses PME florissantes, les unes leader mondial de leur branche ou de leur champs d'activité respectif, les autres ayant tout au moins leur mot à dire sur un marché mondialisé fortement concurrenciel. A celles-ci s'ajoutent de grandes et petites entreprises de haute technologie, des entreprises artisanales

Hoch hinaus: der neue LBBW-Turm am Pariser Platz

The sky's the limit: the new LBBW tower on Pariser Platz

Toute en hauteur: la nouvelle tour LBBW sur la Pariser Platz und Versicherungen. Die Landesbank Baden-Württemberg gehört zu den größten Geldhäusern der Republik.

Bosch und Daimler sind zwei ganz besondere und doch auch typische Stuttgarter Erfolgsgeschichten. Gottlieb Daimler präsentierte 1886 sein erstes Automobil: eine Kutsche, in die er einen seiner ersten schnelllaufenden Benzinmotoren einbaute. Wenig später hatte er die Werkstatt in einem Gewächshaus gegen eine ansehnliche Fabrik eingetauscht. 1926 – auch das gab's damals schon – fusionierte das Unternehmen mit der Mannheimer Benz & Cie zur Daimler-Benz AG. Ebenfalls 1886 gründete der 25-jährige Bauernsohn Robert Bosch seine „Werkstätte für Feinmechanik und Elektrotechnik" in der Rotebühlstraße. Die Belegschaft bestand aus dem Chef, einem Gesellen und einem Lehrling. Bosch schuf mit der elektromagnetischen Zündanlage für Motoren eine wichtige Voraussetzung für die stürmische Entwicklung des Kraftfahrzeugverkehrs.

Central Bank of Baden-Württemberg, which is one of the biggest financial institutions in the Republic.

Bosch and Daimler are two special and yet typical examples of Stuttgart success stories. In 1886, Gottlieb Daimler presented his first automobile, a coach, in which he had built one of his first high-speed petrol engines. After some time, Daimler swapped his workshop in the greenhouse for a smart new factory. In 1926 the company merged with the Mannheim based company Benz & Cie and became Daimler-Benz AG (yes, mergers happened even way back then!). Also in 1886, the 25 year-old farmer's son Robert Bosch founded his "Werkstätte für Feinmechanik und Elektrotechnik" (workshop for precision and electrical engineering) in Stuttgart's Rotebühl street. The workforce consisted of the boss, a journeyman and an apprentice. Bosch invented and developed the electromagnetic ignition system for motors, which proved to be a decisive element in the stormy development of motor vehicles.

solides, des banques à forts capitaux, des caisses d'épargne et des compagnies d'assurance. La banque du Land (Landesbank Baden-Württemberg) compte parmi les plus grands instituts bancaires de la République.

Bosch et Daimler, deux histoires à succès originaires de Stuttgart, tout à fait particulières mais aussi typiques de la ville. Gottlieb Daimler présenta sa première automobile en 1886: un fiacre doté de l'un de ses premiers moteurs à essence à régime rapide. Peu de temps après, il avait troqué la serre qui lui servait d'atelier contre une belle usine. En 1926, déjà à cette époque, l'entreprise fusionna avec le groupe Benz & Cie de Mannheim en S.A. Daimler-Benz. De même, en 1886, Robert Bosch, ce fils de paysan alors âgé de vingt-cinq ans, créa son «atelier de mécanique de précision et d'électrotechnique» dans la Rotebühlstraße. Le personnel était composé du patron, d'un ouvrier qualifié et d'un apprenti. Grâce à la mise au point de l'allumage électromagnétique pour moteurs de voitures, Bosch a été à l'origine du développement très rapide de la circulation automobile.

Mercedes verleiht Flügel – ein alter, wiewohl legendärer SL

Mercedes with wings – an old legendary SL

Mercedes donne des ailes – une ancienne SL, pratiquement légendaire

Lehrlingsabteilung der Daimler-Motoren-Gesellschaft in Untertürkheim, gegründet 1916

The apprentice workshop at the Daimler-Motor-Gesellschaft in Untertürkheim, founded in 1916

Atelier d'apprentissage de la «Daimler-Motor-Gesellschaft» à Untertürkheim, créé en 1916

Mercedesstraße am Feierabend um 1910, Untertürkheim

The end of a working day on the Mercedesstraße in Untertürkheim around 1910

Sortie d'usine à la Mercedesstraße vers 1910 à Untertürkheim

Das Mercedes-Forum an der Heilbronner Straße

The Mercedes Forum on the Heilbronner Straße

Le forum Mercedes à la Heilbronner Straße

Das Flaggschiff von Mercedes: die S-Klasse

The Mercedes flagship: the S-class

Produit phare de Mercedes: la S-Klasse

Pionier: Robert Bosch 1888

Pioneer: Robert Bosch 1888

Un pionnier: Robert Bosch 1888

→
1920 im Boschwerk Feuerbach: Fertigungshalle für Zündkerzen

1920 in the Bosch factory in Feuerbach: production hall for spark plugs

1920 dans l'usine Bosch de Feuerbach: halle de fabrication pour les bougies

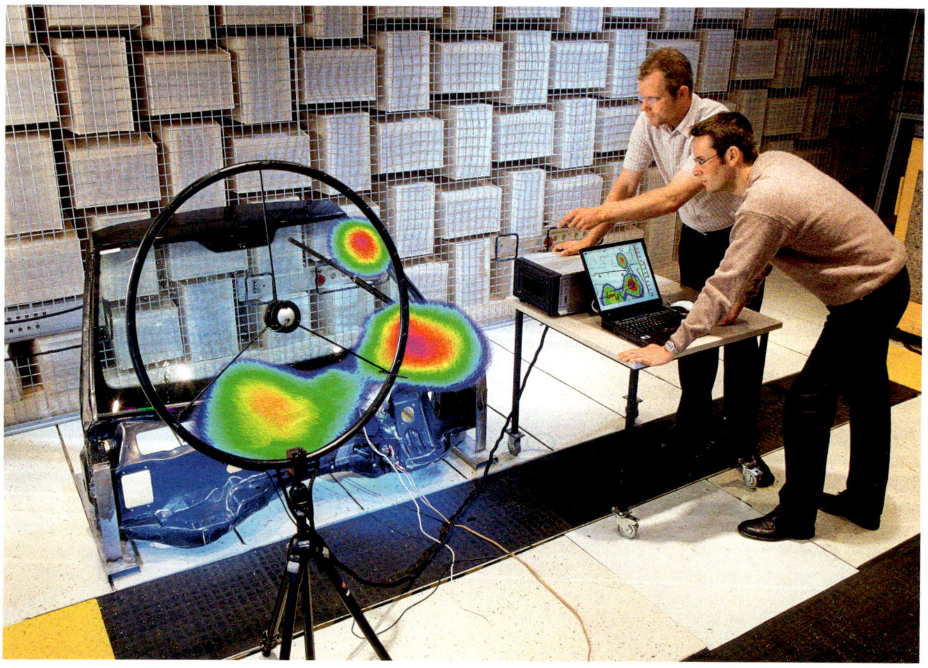

Neue Dimension der Materialprüfung: Mit der „akustischen Kamera" können Bosch-Wissenschaftler Schallfelder sichtbar machen

State-of-the-art material testing: the Bosch scientists can use the "acoustic camera" to make sound fields visible

Nouvelle dimension du contrôle du matériel: avec la «caméra acoustique», les scientifiques de Bosch peuvent rendre visibles les champs sonores

Haus Heidehof, Weiterbildungszentrum der Robert Bosch GmbH und Sitz der Bosch-Stiftung

Haus Heidehof, further training centre of the company Robert Bosch GmbH and the headquarters of the Bosch trust

Haus Heidehof, centre de formation continue de la Robert Bosch GmbH et siège de la Fondation Bosch

↓

Blick übers Industrieviertel in Feuerbach auf die Weinberge

A view over the industrial quarter in Feuerbach toward the vineyards

Vue sur le quartier industriel de Feuerbach sur les coteaux de vignobles

Maybach und Porsche – auch sie dürfen als Prototypen eben jener Tüftler und Erfinder gelten, die im Schwabenland seit jeher heimisch waren oder wurden. Ob's daran liegt, dass die Schwaben einfach klügere Leute sind? Oder daran, dass es keine Rohstoffe gab, weswegen umso größere Denkleistungen unternommen werden mussten? Ein wenig hat es sicher mit dem ausgeprägten Arbeitsethos im „Musterländle" zu tun. Klischee? Mitnichten, vielmehr Kulturgut und Tradition, welche man zu pflegen hat.

Wer's nicht glaubt, der achte auf die Sprache – sie verrät manches. „Schaffen" hat hier zu Lande einen eigentümlichen Klang. Wer schafft, schafft nicht allein um des Schaffens willen, er schafft Werte. Wer „beim Daimler" schafft, (er) schafft gar bleibende Werte, und wenn's ein „heiligs Blechle" ist. Wer schließlich von sich sagen kann, er gehe „ins Geschäft", tut dies gemeinhin mit einem salbungsvollen Unterton, gerade so, als handle es sich um einen Kirchgang.

Maybach and Porsche may also be considered as role models for every inventor who resides in or who has been drawn to Swabia. Are Swabians simply more clever? Or was it due to the fact that the lack of raw materials forced them to think more intensively? It probably has something to do with the predominant work ethic that exists in this region – and this is no cliché. On the contrary, it is much more a cultural and traditional characteristic worth upholding.

Anyone who is sceptical should take a look at the local language. "Schaffen" is Swabian for "to work" but encompasses much more than just "to work", it also means "to create". Anyone who works is not just working for the sake of working he is "creating" something built to last – an intrinsic philosophy of all those employed at Daimler making cars. There is an important undertone whenever anyone says "I'm off to work" – almost as if they were going to church.

Maybach et Porsche, deux noms que l'on peut ajouter à la liste de ces premiers génies bricoleurs et inventeurs, par tradition originaires du pays souabe ou qui le sont devenus. Est-ce que cela tient au fait que les Souabes sont tout simplement plus intelligents que les autres? Ou bien est-ce dû au fait que la région n'offrait pas de matières premières et exigeait, par conséquent, l'entreprise d'efforts supplémentaires? Sans nul doute le doit-on en partie à la bonne dose d'éthique de l'ouvrier souabe. De purs clichés? Pas le moins du monde. Cela relève beaucoup plus d'un patrimoine, d'une tradition que l'on cultive.

Que celui qui n'en croit pas un mot fasse attention au langage, il trahit beaucoup de choses. Le mot «bosser» («schaffen») a une connotation particulière ici. Celui qui bosse ne le fait pas seulement dans le but de travailler, il bosse pour créer des valeurs. L' ouvrier de «chez Daimler» crée des biens durables, même s'il s'agit d'une «fichue tôle». Celui qui, en parlant de soi, peut dire qu'il se rend «au boulot» («ins Geschäft») le fait d'ordinaire avec une nuance affectée dans la voix, comme s'il s'agissait d'une entreprise religieuse.

Mythos und Kultobjekt: der 911er

Myth and cult object: the 911

Culte et mythique : la Porsche 911

Porsche AG in Zuffenhausen

Porsche AG in Zuffenhausen

Porsche AG à Zuffenhausen

Das neue Porsche-Museum in Stuttgart-Zuffenhausen bei Nacht

The new Porsche Museum in Stuttgart-Zuffenhausen at night

Le nouveau musée Porsche dans la nuit

→ Züblin-Zentrale in Möhringen

Züblin headquarters in Möhringen

Centrale Züblin à Möhringen

Immer wieder macht er von sich reden, dieser schwäbische Erfindergeist, der sich auch vor Entdeckungsreisen in die Marktnischen nicht scheut. Tüftler und Erfinder, heute nennt man sie häufig „Existenzgründer“ – ohne sie wäre die Region Stuttgart mit ihren mehr als zweieinhalb Millionen Einwohnern kein so potenter Wirtschaftsstandort. Von hier konnte die Welt immerhin mit solch unterschiedlichen Erfindungen wie dem Auto (in Stuttgart stand auch noch die Wiege des VW-Käfers) oder dem Aktenordner, dem Bürokopierer oder dem Büstenhalter, dem Teddybär oder der Bausparkasse beglückt werden.

Ein Wirtschaftsgut sollte in keiner Wirtschaft (= Kneipe) fehlen: der Wein. Seine ökonomische Bedeutung ist im Vergleich mit anderen Produkten zwar eher gering. Doch darf er – gerade in Stuttgart – nicht unerwähnt bleiben.

The Swabian inventor spirit lives on and does not shy away from journeys of discovery into niche markets. Without these inventors, often called “entrepreneurs”, the Stuttgart region, with its population of two and a half million, would not be the powerful economic location that it is today. This is the region that gave the world the car (even the VW Beetle was born here in Stuttgart), the office file, the office photocopier, the bra, the teddy bear and the building society.

There is one economic product that has yet to be mentioned – wine. Whilst its economic significance pales compared to other goods, it is a product that must be given credit especially here in Stuttgart.

Il fait toujours parler de lui, cet esprit d’invention souabe, qui n’a pas peur non plus de partir à la découverte de nouveaux créneaux de marché. Sans tous ces génies bricoleurs et inventeurs, aujourd’hui souvent appelés «créateurs d’entreprise», la région de Stuttgart, avec ses plus de 2,5 millions d’habitants, ne serait pas un centre économique aussi puissant. Il a su combler le monde de ses diverses inventions, comme l’automobile (rappelons que c’est à Stuttgart également que la coccinelle de Volkswagen a vu le jour), le classeur, la photocopieuse de bureau, le soutien-gorge, le «Teddybär» (ours en peluche) ou la caisse d’épargne-logement.

Un bien économique ne saurait manquer dans aucun bistro: le vin. Sa signification économique est certes relativement modeste par rapport à d’autres produits. Pourtant, il ne faut pas omettre de le mentionner, surtout ici à Stuttgart.

Stuttgart leuchtet – die Landesbank Baden-Württemberg bei Nacht

Stuttgart shines – the state bank of Baden-Württemberg at night

Stuttgart s'illumine – La Landesbank Baden-Württemberg de nuit

↓
Kolbenhersteller Mahle

Mahle, the piston manufacturer

Le fabricant de pistons Mahle

Blick vom Bahnhofsturm auf die Innenstadt mit Altem Schloss, Rathaus, Tagblatt-Turm und Stiftskirche

A view from the train station tower towards the city centre with the Old Schloss, city council building, Tagblatt tower and the Stifts church

Vue de la tour de la gare sur le centre-ville avec le Altes Schloss (Ancien Château), l'Hôtel de ville, la tour du journal Tagblatt et la Stiftskirche (église collégiale)

Konsumtempel: Breuninger

Consumer temple: Breuninger

Temple de la consommation: Breuninger

↓
Stätte von Bildung und Kultur: das Rotebühl-Zentrum

Educational and cultural centre: the Rotebühl centre

Lieu de formation et de culture: le centre Rotebühl

Innen wie außen imposant: das Haus der Wirtschaft

Imposing both inside and out: the Haus der Wirtschaft

Imposante dedans comme dehors: la Maison de l'Économie

Der Wein war schon im Mittelalter ein wichtiges Exportgut. Wie hieß es doch so schön in einem mittelalterlichen Spruch: „Wenn man zu Stuttgart nicht einsammelte den Wein, so würde bald die Stadt in Wein ersäufet sein!“ Noch heute finden sich auf Stuttgarter Gemarkung beachtliche Rebflächen, und mancher Weinberg liegt sogar mitten im Häusermeer.

Als weicher Standortfaktor, der das Renommee befördert und das Lebensgefühl beflügelt, ist die Bedeutung des Weins gar nicht hoch genug einzuschätzen. Und so dürfen sich die Stuttgarter glücklich schätzen, dass nicht wenige Topwinzer, hier nennt man sie „Wengerter“, in heimischen Weinbergen ihre Spitzenprodukte wie Trollinger, Lemberger, Riesling oder diverse Burgundersorten reifen lassen.

Und wie gelangen Stuttgarter Erzeugnisse hinaus in die Welt? Auf Autobahnen und in Zügen, vom großen Hafen am Neckar aus sowie ab Echterdingen – also vom Stuttgarter Flughafen auf den Fildern.

Even in the Middle Ages, wine was an important export commodity. There is a saying from the Middle Ages which goes: "If in Stuttgart, they didn't harvest the wine, in time, the town would be drowned in wine!" Even today there are large areas covered in vines within the city's boundaries, some even right in the middle of residential districts.

As a soft location factor which enhances the city's reputation and encourages its "joie de vivre", the significance of wine cannot be mentioned often enough. The people of Stuttgart are proud of the fact that some of the best winegrowers grow their first class products such as Trollinger, Lemberger, Riesling and a wide range of Burgundy variants here.

And how do these products reach the rest of the world you may ask? Along the motorways and in trains, from the large harbour on the Neckar river and from the Stuttgart airport in Echterdingen on the Fildern.

Le vin était déjà au Moyen-Age, un produit d'exportation important. Comme le dit si bien cet adage médiéval: «Si on ne récoltait pas le vin à Stuttgart, la ville succomberait rapidement à la noyade.» Aujourd'hui encore, des surfaces viticoles non négligeables se trouvent encore sur le territoire de Stuttgart et certains vignobles sont même cultivés au beau milieu des habitations.

On ne peut assez estimer l'importance du vin comme facteur de renommée du site et symbole d'un art de vivre. Et les habitants de Stuttgart peuvent s'estimer heureux que maint vigneron de haut rang, on les appelle ici les «Wengerter», fasse mûrir dans les vignobles du coin ses produits de première catégorie comme le Trollinger, le Lemberger, le Riesling ou diverses sortes de Bourgogne.

Et comment ses produits issus de Stuttgart parviennent-ils dans le monde? Par les autoroutes et les trains, à partir du grand port sur le Neckar et à partir d'Echterdingen – à savoir de l'aéroport de Stuttgart «auf den Fildern».

Universität Vaihingen

The University of Vaihingen

Université de Vaihingen

Hysolar Forschungsinstitut

Hysolar research institute

Institut de recherche Hysolar

Stuttgarts Tor zur Welt:
der Flughafen auf den Fildern

Stuttgart's gateway to the world:
the airport on the Fildern

La porte de Stuttgart sur le monde:
l'aéroport sur les Fildern

Der Neckar – Wasserstraße für Lastkähne

The Neckar – a waterway for barges

Le Neckar – voie d'eau pour les péniches

↓
Zwischen Inselbad und Stadion:
Daimler-Werke und Standorte

Between the Inselbad swimming pool and the stadium: Daimler factories and sites

Entre la piscine sur l'île et le stade :
Les usines Daimler

Anfahrt auf Stuttgart

Arrival in Stuttgart

Arrivée à Stuttgart

Einem Kirchenschiff nicht unähnlich: der Stuttgarter Bahnhof

Not unlike a nave: the Stuttgart train station

Un peu semblable à la nef d'une église: la gare de Stuttgart

Auch ein Wirtschaftsfaktor: Wein

Also an economic factor: Wine

Également un facteur économique: le vin

Erfolgreich und anziehend:
die Neue Messe

Successful and attractive:
the new exhibition center (Neue Messe)

En tous points une réussite :
le nouveau parc des expositions

Stadt der Kultur
The cultural city
Ville de culture

Stuttgart hat mehrere Wahrzeichen: neben dem Fernsehturm gehören dazu der Rotenberg, von Reben bestanden und mit der Grabkapelle bekränzt, das Neue und das Alte Schloss und seit einigen Jahren auch das städtische Kunstmuseum am Schlossplatz. Weithin sichtbar steht es für das neue so stilvolle wie lebensfrohe Stuttgart. Eine Stadt der Kultur und der Architektur, eine Stadt, in der sich auch dann noch etwas bewegt, wenn anderswo Stillstand herrscht. „Der reinste Zauberwürfel!", rief eine in Frankfurt erscheinende Zeitung aus. „Stuttgart ist schön!", stellte ein Berliner Blatt lapidar fest, als die Stadt rund um den Schlossplatz ihre neue attraktive Mitte gefunden hatte.

Das weist auf einen Wandel Stuttgarts nicht nur im Bewusstsein hin. Nicht immer und nicht überall hatte die baden-württembergische Landeshauptstadt einen guten Ruf. Vielleicht begünstigte auch der typisch schwäbische Hang zur Selbstgeißelung dieses Klischee. Die Realität sieht anders aus. Werkstätten der bildenden Kunst, Galerien und Museen sind zahlreicher als anderswo. Die Oper genießt europaweit Ansehen und wurde wiederholt zum Opernhaus des Jahres gekürt. Das Schauspiel hat einen glänzenden Ruf und zieht Besucher auch von weit her an.

Ein Markenzeichen ist auch das Ballett. In den Annalen verankert ist das Stuttgarter Ballettwunder des legendären John Cranko, der in den 60er Jahren den Ruhm der Stuttgarter Kompagnie begründete. Das Friedrichsbau-Varieté

Stuttgart has several landmarks: Besides the Television Tower, there is the Rotenberg surrounded by vines and crowed with the Grabkapelle, the New and Old Palaces and since recently the municipal art museum on the Schlossplatz. An eye-catcher, it stands for the new Stuttgart that is unknown to many – a city full of cultural and architectural highlights, a city where things are moving when everywhere else has come to a standstill and the purses are empty. "A magic cube!" were the words used by a newspaper in Frankfurt. "Stuttgart is beautiful!" stated a paper in Berlin as a succinct reflection of the new attractive design of the city centre around the Schlossplatz.

These statements reflect the change taking place in Stuttgart both consciously and subconsciously. The administrative centre of Baden-Württemberg has not always enjoyed such a good reputation, although this cliché has probably been further exaggerated by the typical Swabian tendency to put themselves down. In reality, things are very different. There are more sculpture workshops, galleries and museums than anywhere else. The city opera is famous throughout Europe and has again won the Opera of the Year award. The local theatre also enjoys an excellent reputation and attracts visitors from near and far.

One trademark is also the city's ballet. Who could forget the Stuttgart ballet wonder of the legendary John Cranko who was the driving force behind the acclaim awarded to the

Stuttgart possède de nombreux emblèmes: La tour de télévision, bien sûr, mais aussi la colline Rotenberg avec ses vignobles et la Chapelle funéraire qui la couronne, le Nouveau et l'Ancien Château, et depuis quelques années le musée municipal d'Art sur la Schlossplatz. Visible de loin, il est le symbole du nouveau visage de Stuttgart, encore inconnu de beaucoup. Une ville de culture et d'architecture, une ville qui bouge alors qu'ailleurs, l'immobilisme règne, faute de moyens financiers. «Un vrai cube magique!», lançait un journal de Franfort. «Stuttgart est belle!», constatait brièvement un journal berlinois lorsque la Schlossplatz rénovée est devenu le nouveau centre attractif de la ville.

Ceci renvoie à une métamorphose de Stuttgart, pas seulement dans sa prise de conscience. Car la capitale régionale du Bade-Wurtemberg n'a pas toujours eu partout très bonne réputation. Peut-être la tendance typiquement souabe à l'autoflagellation favorisa-t-elle ce cliché. Mais la réalité est tout autre. Ateliers d'arts plastiques, galeries et musées sont plus nombreux qu'ailleurs. L'opéra jouit d'une considération européenne et a été couronné à plusieurs reprises opéra de l'année. L'exceptionnelle réputation du théâtre attire des spectateurs venus de loin.

Le « ballet de Stuttgart » est devenu image de marque : le « miracle de la danse classique de Stuttgart » est entré aux annales de cet art grâce au légendaire John Cranko qui, dans les années 60,

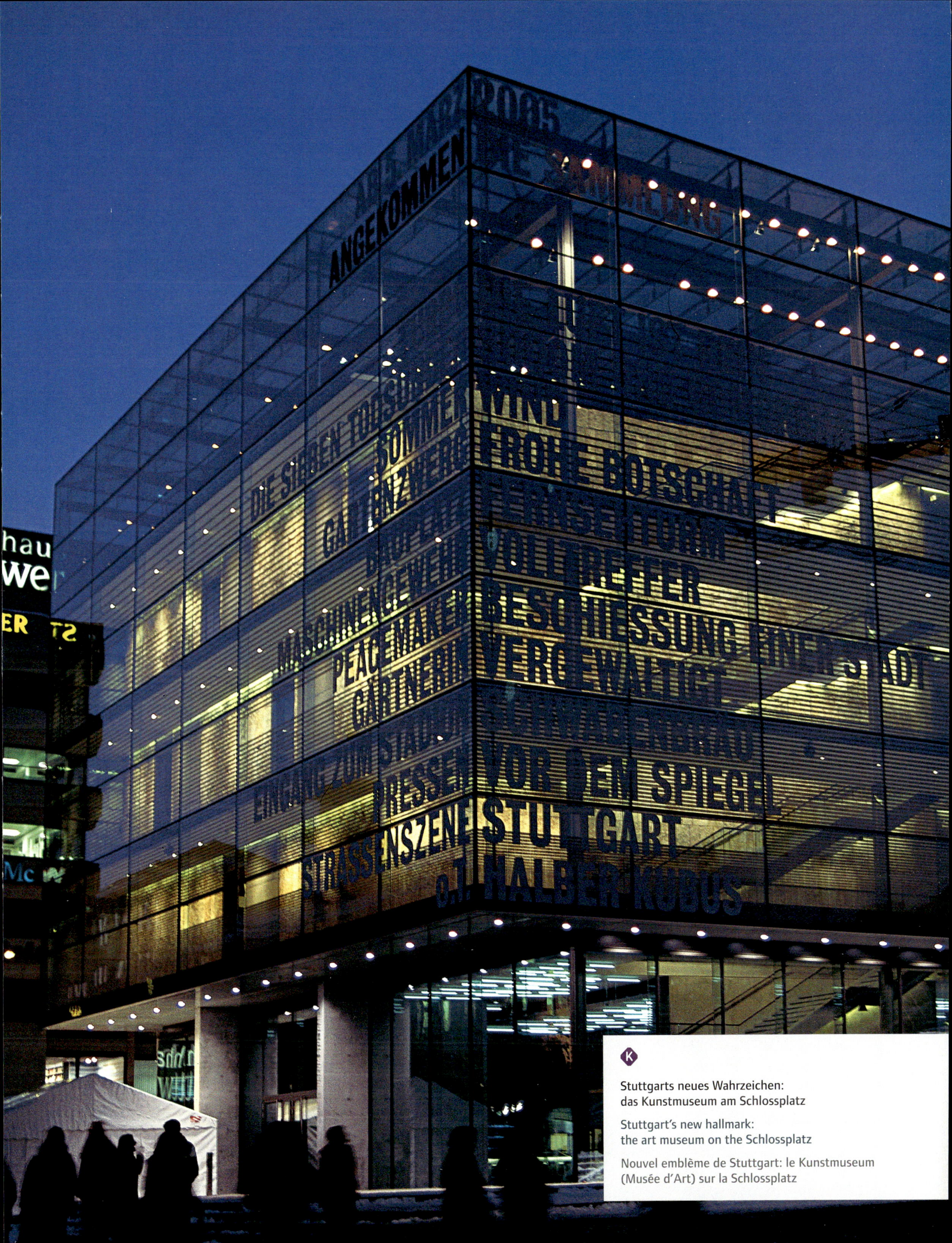

Stuttgarts neues Wahrzeichen:
das Kunstmuseum am Schlossplatz

Stuttgart's new hallmark:
the art museum on the Schlossplatz

Nouvel emblème de Stuttgart: le Kunstmuseum
(Musée d'Art) sur la Schlossplatz

spielt an geschichtsträchtigem Ort, denn ganz in der Nähe hatten Kleinkunst, Comedy und Artistik schon in den 20er Jahren Konjunktur. Eine Institution ist auch das Renitenztheater, wo schon mancher Kabarettist klein anfing, bevor er ins Fernsehen kam – wie etwa Matthias Richling, der das Schwäbische auch außerhalb der Landesgrenzen zu einem bekannten und populären Dialekt gemacht hat.

Eine Spielstätte ganz anderer Art ist das Theaterhaus: Einst Hort der Alternativkultur, ist es heute aus dem kulturellen Leben der Stadt nicht mehr wegzudenken. Alle Sinne werden auf dem Pragsattel entfacht, wohin das Theaterhaus nach seinen Anfängen in Stuttgart-Wangen gezogen ist. Zu einer Art Bürgerhaus für Kultur, Bildung und Information hat sich schließlich der Treffpunkt Rotebühlplatz entwickelt, der täglich bis zu 3000 Menschen anlockt.

Stuttgart company in the sixties? The Friedrichsbau Variety is located at an historically important site close to the artistic and comedy theatres that had their heyday in the 20s. A further important institution is the Renitenz theatre where many a cabaret star started out before breaking into television – for example Matthias Richling, who has made the Swabian accent and dialect popular well beyond the state's borders.

The Theaterhaus is a location of a completely different kind. Once home to alternative cultural programmes, it is now a permanent feature on the cultural map of the city and is located on the Pragsattel after moving from its humble beginnings in Stuttgart-Wangen. The Treffpunkt Rotebühlplatz has become a meeting point focussing on cultural, educational and informational issues and attracts up to 3000 visitors every day.

mena la compagnie de danse de Stuttgart à la gloire. Le «Friedrichsbau-Varieté» joue dans un lieu riche d'histoire car tout à côté, cabarets, cafés-théâtres et artistes étaient déjà en vogue dans les années 20.

Une autre institution: le «Renitenztheater» où bien des cabarettistes ont fait leurs débuts avant de passer à la télévision – parmi eux, Matthias Richling qui a su rendre populaire le dialecte souabe bien au-delà des frontières régionales.

Le «Theaterhaus» est un lieu de spectacle d'un tout autre type: autrefois berceau de la culture alternative, il est aujourd'hui incontournable dans la vie culturelle de la ville. Tous les sens des spectateurs sont en éveil au «Pragsattel», où le «Theaterhaus» s'est établi après avoir commencé à Stuttgart-Wangen. Le « point de rencontre Rotebühlplatz » enfin est devenu une sorte de maison de la culture, de la formation et de l'information qui attire chaque jour jusqu'à 3000 personnes.

Genießt seit den 60er Jahren Weltruhm: das Stuttgarter Ballett

World famous since the 1960s: the Stuttgart Ballet

Célèbre dans le monde entier depuis les années 60: le ballet de Stuttgart

Die Stuttgarter Oper, vielfach beehrt und gewürdigt, hat im Großen Haus der Württembergischen Staatstheater ihre Heimstatt

The Stuttgart opera, often honoured and praised, is based in the Großen Haus of the Württemberg State Theatre

L'Opéra de Stuttgart, tant de fois récompensé et honoré, est logé dans la grande salle du Théâtre d'État du Wurtemberg

Bunte Kulturszene Stuttgart: „Galerie Unsichtbar" im Nordbahnhofgelände

Colourful culture in Stuttgart: "Galerie Unsichtbar (Invisible Gallery)" on the north rail station grounds

A Stuttgart, la culture a de nombreux visages : la Galerie Unsichtbar (invisible) sur le terrain de la gare du nord

↓

Angesagt: „Club Rocker 33"

Hip: Club "Rocker33"

A la mode : le club «Rocker33»

Musical-Metropole Stuttgart –
im Möhringer SI-Centrum finden sich
zwei Musicaltheater

Musical metropolis Stuttgart – there are
two music halls in the SI centre in Möhringen

Stuttgart, métropole du music-hall –
Le Centre SI de Möhringen abrite deux
théâtres de music-hall

Begründeten einst Stuttgarts Ruhm als Hip-Hop-Hauptstadt Deutschlands: die Fantastischen Vier

The founders of Stuttgart's fame as the hip-hop capital of Germany: die Fantastischen Vier

Ont fondé la célébrité de Stuttgart en tant que capitale du Hip-Hop en Allemagne: les «Fantastischen Vier» (4 Fantastiques)

↓
Schon Tradition:
Die 8. Hip-Hop Open in Stuttgart 2008

Already tradition:
The 8th Hip-Hop Open in Stuttgart 2008

Déjà une tradition : le 8e festival Hip-Hop Open à Stuttgart en 2008

Aus dem Kulturleben der Stadt nicht mehr wegzudenken: das Theaterhaus am Pragsattel, eine Stätte für Musik, Tanz und Theater

A permanent part of the cultural landscape in Stuttgart: the Theaterhaus on the Pragsattel, a place of music, dance and theatre

La vie culturelle de la ville serait impensable sans lui: le théâtre «am Pragsattel», lieu de musique, de danse et de théâtre

Stuttgart ist aber auch eine Musikstadt, eine Stadt der Chöre und Orchester. Zwei Musical-Theater in Stuttgart-Möhringen locken Gäste von nah und vor allem fern in die Stadt. Außerdem prägen Helmuth Rillings Internationale Bachakademie, die Internationalen Schlossfestspiele im benachbarten Ludwigsburg oder aber herausragende Jazzkonzerte mit internationalem Flair, etwa am Pariser Platz, das musikalische Profil der Region. Zeitweise war Stuttgart sogar Hip-Hop-Hauptstadt Deutschlands, was vor allem mit dem sagenhaften Aufstieg der Fantastischen Vier, der Fanta 4, zu tun hatte.

In städtebaulicher Hinsicht erschließen sich Stuttgarts Reize erst auf den zweiten Blick. „Die kleinen Hauptstädte Deutschlands gleichen Athen", soll ein von Stuttgart begeisterter Franzose im 19. Jahrhundert ausgerufen haben. Seither haben der Zweite Weltkrieg und das Leitbild von der autogerechten City, das in den 60er Jahren die Stadtentwicklung diktierte, das Gesicht Stuttgarts einschneidend verändert.

However, Stuttgart is also a musical city, a city of choirs and orchestras: there are two stage-show theatres in Stuttgart-Möhringen that attract guests from far and wide into the city. Helmuth Rilling's International Bach Academy, the International Schloss festival in neighbouring Ludwigsburg and also the excellent jazz concerts with their international flair, for example on the Pariser Platz have also helped to establish the musical profile of the region. For a time, Stuttgart was even Germany's Hip-Hop capital, mainly thanks to the comet-like rise of a local group the "Fantastischen Vier", aka Fanta 4.

As far as the town itself goes, Stuttgart's charm grows on you. In the 19th century, a Stuttgart enthusiast from neighbouring France was alleged to have declared "The smaller cities in Germany are like Athens". Since then, the face of Stuttgart has changed dramatically, due mainly to the Second World War and the need in the sixties to expand the city to meet the needs of the ever-increasing traffic.

Mais Stuttgart est aussi une ville musicale, une ville des chorales et orchestres. A Stuttgart-Möhringen deux théatres consacrés à la comédie musicale attirent dans la ville des spectateurs de tous les coins du monde. De plus, l'Internationale Bachakademie d'Helmuth Rilling, le Festival du château de Ludwigsburg mais aussi d'excellents concerts de jazz de classe internationale donnés par exemple sur la Pariser Platz, marquent de leur empreinte le profil musical de la région. Stuttgart a même été pendant un temps la capitale allemande du hip-hop, ce qui était surtout lié à l'ascension fabuleuse des «Fanta 4» (Les 4 Fantastiques).

Du point de vue de l'architecture urbaine, les charmes de Stuttgart ne se révèlent qu'au deuxième coup d'œil. «Les petites capitales de l'Allemagne ressemblent à Athènes!» se serait exclamé, au XIXe siècle, un Français enchanté par la ville de Stuttgart. Depuis, la Deuxième Guerre mondiale et les aménagements effectués dans les années soixante pour les besoins de la circulation automobile ont radicalement changé le visage de la ville.

Lust am Spiel: das Stuttgarter Varieté im Friedrichsbau

Great productions: the Stuttgart Variety in the Friedrichsbau

Plaisir de la scène: le théâtre de variétés de Stuttgart dans le Friedrichsbau

↑
Die Liederhalle, auch ein architektonisches Kleinod

The Liederhalle, also an architectural gem

La Liederhalle, elle aussi un joyau de l'architecture

→
Denker vor dem Friedrichsbau

The thinker in front of the Friedrichsbau

Penseur devant le Friedrichsbau

↑
Schloss Rosenstein
im Unteren Schlossgarten

Schloss Rosenstein
in the lower Schlossgarten

Château Rosenstein
dans les jardins inférieurs du château

→
Naturkundemuseum im
Schloss Rosenstein

Natural science museum in the
Schloss Rosenstein

Musée de sciences naturelles
dans le château Rosenstein

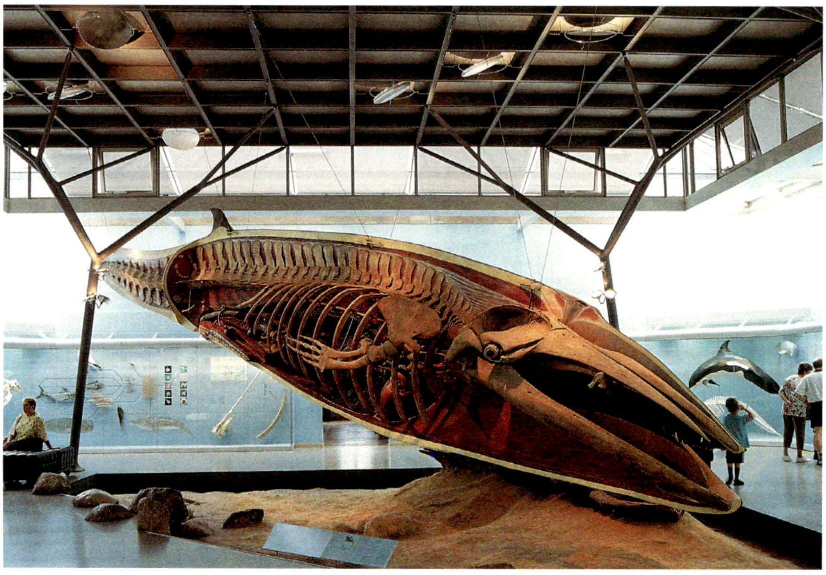

Ob es der Kronschatz der Württemberger, die Renaissance-Arkaden oder bedeutende Landesausstellungen sind: das Alte Schloss zieht Gäste von Nah und Fern an

The crown jewels of the Württemberger, the Renaissance arcades and the prestigious exhibitions attract visitors from near and far to the Alte Schloss

De partout les visiteurs affluent à l'Ancien Château, pour le trésor des Wurtemberg, les arcades renaissance ou les expositions du Land

Die Stauffenberg-Gedenkstätte im Alten Schloss

The Stauffenberg memorial in the Alten Schloss

Le mémorial de Stauffenberg dans l'Ancien Château

Als historische Bausubstanz verdienen die Stiftskirche, das Alte Schloss mit seinen herrlichen Renaissance-Arkaden, der Schillerplatz, das Neue Schloss und der repräsentative Schlossplatz mit der Jubiläumssäule besondere Erwähnung. Ein geschlossenes Stadtbild wird man freilich vergebens suchen. Interessierte finden allerdings einige ungewöhnliche Zeugnisse des Städtebaus. Architektur der Moderne hat in Stuttgart sogar Tradition: In den 20er Jahren des 20. Jahrhunderts wurde die Stadt als Schauplatz für ein einzigartiges Experiment auserkoren. Auf dem Weißenhof entstand eine Werkbundsiedlung, mit der die Idee vom „neuen Wohnen" verwirklicht wurde, noch bevor der Bauhaus-Stil Maßstäbe setzte. Um das Ideal vom offenen, rationalen Wohnen zu verwirklichen, gab sich die internationale Crème der Architekten ein Stelldichein: Ludwig Mies van der Rohe etwa, Le Corbusier, Walter Gropius oder Hans Scharoun. Für die Nazis war die Siedlung Teufelswerk, sie verhöhnten den Weißenhof als „Araber-Dorf".

Some of the most important historical buildings are the Stifts church, the "Old Schloss" with its wonderful Renaissance arcades, the "Schillerplatz", the "New Schloss" and the representative "Schlossplatz" with its Jubilee column. Whilst the city cannot claim a distinctive skyline of its own, Stuttgart does have some unusual architectural features. Modern architecture is traditional in Stuttgart. In the twenties, Stuttgart was selected to be the centre of a unique experiment. In Weißenhof, a housing estate was built for factory workers. This was developed to incorporate the idea of "new living", even before the Bauhaus style made its mark. The elite of the international architectural world, Ludwig Mies van der Rohe, Le Corbusier, Walter Gropius and Hans Scharoun all gathered to realise the idea of open, rational living. The Nazis thought the estate was the work of the devil and called it the "Arabian village".

Ne manquons pas de citer parmi les bâtiments historiques encore existants la «Stiftskirche» (église collégiale), le «Alte Schloss» (ancien château) avec ses magnifiques arcades Renaissance, la Schillerplatz, le «Neue Schloss» (nouveau château) et la représentative Schlossplatz avec la colone du jubilé. On cherchera en vain une image homogène de la ville. Mais ceux qui s'y intéressent découvriront toutefois quelques témoignages exceptionnels de la construction urbaine. Car l'architecture moderne a une tradition à Stuttgart: dans les années vingt, la ville fut choisie pour la réalisation d'une expérience plutôt unique. Dans le quartier de Weißenhof, on construisit une cité ouvrière qui concrétisait l'idée d'un «nouvel habitat», avec ses réalisations claires et dépouillées, précédant dans ses principesl'école du Bauhaus. Pour réaliser cet idéal d'un habitat ouvert et rationnel, l'élite internationale des architectes s'y était donné rendez-vous, parmi eux, Ludwig Mies van der Rohe, Le Corbusier, Walter Gropius et Hans Scharoun. Pour les Nazis, la cité était un ouvrage diabolique, ils comparaient en effet le Weißenhof à un «village arabe».

Einst stand hier eine Wasserburg: das Alte Schloss

A castle with a moat used to stand here: the Old Schloss

Autrefois se dressait ici un château d'eau: l'Ancien Château

Modern und heiß diskutiert:
Segel in der Stiftskirche

Modern and controversial:
the sails in the Stifts church

Modernes et très controversées:
les voiles de la Stiftskirche

Verliebt ins Ornament:
Jugendstilfassade eines Bürgerhauses

A love of the ornamental:
a house with an Art Nouveau facade

Amoureuse des ornements :
la façade Art Déco d'une maison bourgeoise

Beinahe wäre es nach dem Krieg abgerissen worden: das Neue Schloss, links daneben der Landtag

It was almost demolished after the war: the New Schloss; on the left the government building

A failli être détruit après la guerre: le Nouveau Château, à gauche à côté du Parlement

Nur für die Lust: Schloss Solitude. Deutlich erkennbar ist auch die Achse, die es mit Ludwigsburg verbindet

Built for passion: Schloss Solitude. You can clearly see the axis that connects it to Ludwigsburg

Pour le plaisir: le château Solitude. Reconnaissable aussi à l'axe qui le relie à Ludwigsburg

Bauhaus in Stuttgart:
die Werkbundsiedlung Weißenhof

Bauhaus in Stuttgart:
the Weißenhof estate

Bauhaus à Stuttgart:
la cité ouvrière de Weißenhof

HIGHLIGHTS

_ Altes Schloss
_ Neues Schloss
_ Alte und Neue Staatsgalerie
_ Grabkapelle auf dem Württemberg
_ Großes Haus
_ Kunstmuseum
_ Lapidarium
_ Liederhalle
_ Schillerplatz
_ Schloss Solitude
_ Stiftskirche
_ Veitskapelle in Mühlhausen
_ Weißenhofsiedlung

Das erste in Sichtbeton errichtete Hochhaus Deutschlands: der Tagblatt-Turm

The first high-rise building in Germany to be built with exposed concrete: the Tagblatt tower

Le premier building d'Allemagne construit en béton apparent: la tour du journal Tagblatt

„Galerie Eigenart" auf dem Nordbahnhofgelände

"Galerie Eigenart (Unique Gallery)" on the north rail station grounds

La galerie d'art «Eigenart» sur le terrain de la gare du nord

Ungewöhnliche Akzente setzte auch der Bahnhof von Paul Bonatz (1914–28), imposant in den Proportionen und klar in seiner Antwort auf den überladenen Historismus. Oder der von Ernst Otto Oßwald errichtete 18-geschossige Tagblatt-Turm (1924–28), das erste in Sichtbeton erbaute Hochhaus Deutschlands. Es ist zugleich ein Symbol für die Aufbruchstimmung jener Jahre, der sich auch ein reisender russischer Schriftsteller nicht entziehen konnte. „Was die moderne Architektur anlangt, so ist Stuttgart Amerika", schwärmte er.

Nicht weniger spektakulär ist der Fernsehturm (1954–56) von Fritz Leonhardt und Erwin Heinle, ein Wahrzeichen seit mehr als 50 Jahren. Als weltweit erster Fernsehturm in Spannbeton wurde das 217 Meter hohe, auch ästhetisch formvollendete Bauwerk zum Vorbild zahlreicher Sendetürme überall auf der Welt.

Paul Bonatz also left his unusual mark in the shape of the train station (1914–28): with its imposing proportions it was a direct modern counter to the city's historical architecture. Ernst Otto Oßwald built the 18 storey "Tagblatt Tower" (built between 1924–28) which was the first multistorey building in Germany to be constructed with exposed concrete. It is a spectacular symbol for the changing times of that era. A Russian writer was enthralled: "As far as modern architecture is concerned, Stuttgart is America."

The Television Tower (1954–56) designed by Fritz Leonhardt and Erwin Heinle is just as spectacular and has almost become a trademark. It was the first television tower of its kind in the world. It is constructed of pre-stressed concrete, is 217 metres tall and is aesthetically perfectly formed. It soon became the model for numerous transmission towers all over the world.

La gare conçue par Paul Bonatz (1914–28) est un bel exemple d'architecture moderne, imposante dans ses proportions, une réponse claire à l'art éclectique surchargé. La tour à dix-huit étages du Tagblatt (1924–28), érigée par Ernst Otto Oßwald, premier immeuble au monde à présenter une façade en béton brut. Elle symbolise en même temps, de façon spectaculaire, l'esprit de renouveau qui régnait à cette époque et auquel un écrivain russe séjournant à l'époque à Stuttgart ne put non plus échapper. «En matière d'architecture moderne, Stuttgart, c'est l'Amérique», disait-il avec enthousiasme.

Non moins spectaculaire, la tour de télévision (1954–56) de Fritz Leonhardt et d'Erwin Heinle, devenue depuis cinquante ans une image emblématique. Première tour de télévision au monde qui ait été réalisée en béton armé, cette construction haute de 217 mètres, à l'esthétique parfaite, est devenue un modèle pour de nombreuses tours émettrices partout au monde.

Monumental: der Hauptbahnhof von Bonatz. Zeitgenossen sahen in ihm eine Kathedrale des Fortschritts

Monumental: Bonatz's train station. His contemporaries called it a cathedral of progress

Monumentale: La gare centrale de Bonatz. Des contemporains voyaient en elle une cathédrale du progrès

Denkmal der postmodernen Architektur: Stirlings Neue Staatsgalerie

A major piece of post-modernism: Stirling's New State Gallery

Monument de l'architecture post-moderne: la Neue Staatsgalerie (Musée d'Art contemporain) de Stirling

Die Musikhochschule an der Konrad-Adenauer-Straße, Stuttgarts Kulturmeile

The Music College in the Konrad-Adenauer-Straße, Stuttgart's cultural mile

Le Conservatoire de musique dans la Konrad-Adenauer-Straße, un pilier culturel de Stuttgart

↓
Beim Haus der Geschichte

Near the House of History

A la Maison de l'Histoire

→
Wo der Schlossplatz in die Königstraße übergeht: am Kunstmuseum

Where the Schlossplatz meets the Königstraße: by the Art Museum

Là où la Schlossplatz se poursuit dans la Königstraße: au Kunstmuseum (Musée d'Art)

In den 70er und 80er Jahren entstanden die Neue Staatsgalerie und das Kammertheater an der Konrad-Adenauer-Straße, der sogenannten Kulturmeile. Der seinerzeit nicht unumstrittene Bau James Stirlings, ein Hauptwerk der Postmoderne, verblüfft noch viele Jahre später – wegen seiner Monumentalität, seiner vielfältigen Formen, Brechungen und Farben. Ganz andere Zeichen hat Günter Behnisch gesetzt. Stets misstrauisch gegenüber Machtgebärden und Statussymbolen bevorzugte er eine transparente Architektur. Was auch in seiner Heimat zu besichtigen ist: am Hysolar-Institut in Vaihingen oder am „Bollwerk" der Landesbank Baden-Württemberg (1997).

In the 70s and 80s the new State Gallery and Chamber Theatre were constructed in the Konrad-Adenauer-Straße, the so-called cultural mile. The building designed by James Stirling, which was a source of controversy in its day, is a major piece of post-modernism and, years later, the building continues to amaze because of its monumental size, and its varieties of shapes, refractions and colours. Günter Behnisch made his mark quite differently. Always distrustful of gestures of power and status symbols, he preferred transparent architecture which can be seen in his hometown of Stuttgart – for example the Hysolar Institute in Vaihingen or the "Bollwerk (stronghold)" of the Baden-Württemberg's Central Bank (1997).

Les années 1970 et 1980 virent la naissance de la Neue Staatsgalerie (musée d'Art contemporain) et du Kammertheater (petit théâtre) dans la Konrad-Adenauer-Straße, surnommée la rue de la culture. Construit par James Stirling, cet ensemble, œuvre majeure de l'architecture postmoderne et objet de controverse, suscite l'étonnement aujourd'hui encore par son caractère monumental, la diversité de ses formes, de ses angles de réfraction et de ses couleurs. Les témoignages laissés par Günter Behnisch sont d'un tout autre type : Eternellement méfiant vis-à-vis des démonstrations du pouvoir et des symboles étatiques, il privilégie une architecture transparente que l'on peut voir aussi dans sa ville natale, à l'Institut Hysolar de Vaihingen et au «Bollwerk» (bastion) de la Landesbank Baden-Württemberg (1997).

Hier wird Politik gemacht:
der Landtag

Home to the government:
the state parliament building

Ici se jouent les affaires politiques:
le Parlement

↓
Aussichten und Durchblicke
am Hotel Le Meridien

Views and aspects near the
Le Meridien hotel

Perspectives et vues de l'Hôtel
Le Méridien

BW-Bank am Bollwerk,
von Behnisch erbaut

BW-Bank on the Bollwerk
built by Behnisch

La Banque BW-Bank au Bollwerk,
érigée par Behnisch

Hinzugekommen sind in jüngster Zeit – neben anderen Bauten – der filigrane Killesbergturm von Jörg Schlaich und das gläserne Privathaus von Werner Sobek, die Visitenkarten zweier internationaler Stars in Sachen Konstruktion und Ingenieurskunst, der runde Turm der LBBW am neuen Pariser Platz nahe dem Bahnhof sowie das Mercedes-Benz Museum in Cannstatt. Letzteres hat die Form einer Doppelhelix und ist eine weithin sichtbare, höchst ungewöhnliche Bauskulptur. Ingenieurtechnische Maßstäbe setzte auch das neue, 2009 eröffnete Porsche-Museum am Produktionsstandort in Zuffenhausen. Der zentrale Baukörper, viele tausend Tonnen schwer, scheint leicht nach oben zu entschweben. Die internationale Resonanz und vor allem die Besucherströme, die sich in die Automuseen ergießen, übertreffen alle Erwartungen. Die Faszination Stuttgarts und die Faszination des Automobils – sie gehören offenbar untrennbar zusammen.

Further additions in recent years are the intricate Killesberg tower by Jörg Schlaich and the glass private house of Werner Sobek, as well as the calling cards of two international stars in the construction and engineering world, the round tower of the LBBW on the new Pariser Platz next to the train station, and the Mercedes-Benz museum in Cannstatt. The latter is shaped like a double-helix and is a visible, highly unusual building sculpture. The new Porsche Museum that was opened next to the production works in Zuffenhausen in 2009, sets new engineering standards. The central body of the building, which weighs many thousands of tonnes, appears to float upwards. The international echo and in particular the large numbers of visitors that flood to the automobile museum surpassed all expectations. The fascination of Stuttgart and the fascination of automobiles are obviously aspects that are inseparably linked.

A cela sont venus s'ajouter récemment – parmi d'autres constructions – la tour du Killesberg, fine et élancée, de Jörg Schlaich et la maison de Werner Sobek, toute de verre : cartes de visite de deux stars internationales en matière de construction et d'art de l'ingénierie, la tour ronde de la LBBW sur la neue Pariser Platz près de la gare ainsi que le musée Mercedes-Benz à Cannstatt. Visible de loin, ce dernier a la forme d'une double hélice, bâtiment-sculpture au concept tout à fait exceptionnel. Inauguré en 2009 sur le site de production de Zuffenhausen, le nouveau musée Porsche, marque le début d'une ère nouvelle en matière d'ingénierie du bâtiment. L'élément central, pesant pourtant des tonnes, semble planer au-dessus du sol. La forte résonnance internationale et surtout les flots de visiteurs qui emplissent le musée de l'automobile dépassent toutes les attentes. La fascination de Stuttgart – et la fascination de l'automobile – voilà deux choses devenues incontestablement inséparables.

Schlaichs Aussichtsturm im Killesberg-Park

Schlaich's viewing tower in the Killesberg park

Tour panoramique de Schlaich dans le parc de Killesberg

→

Mercedes-Benz-Welt mit dem neuen Mercedes-Benz Museum. Architekten: UN Studio, van Berkel & Bos, Niederlande

The Mercedes-Benz world with the new Mercedes-Benz museum. Architects: UN Studio, van Berkel & Bos, The Netherlands

Le monde de Mercedes-Benz avec le nouveau musée Mercedes-Benz. Architectes: UN Studio, van Berkel & Bos, Pays-Bas

Colorado-Platz in Vaihingen

The Colorado Platz in Vaihingen

Place Colorado à Vaihingen

→

Preisgekrönte Architektur auch im Umland: das Stadthaus von Ostfildern im Scharnhauser Park

There is even prize-winning architecture in the surrounding regions: the Ostfildern town house in the Scharnhauser park

Architecture couronnée de prix aussi dans les environs: la maison municipale d'Ostfildern dans le parc de Scharnhaus

↓

Das neue Porsche-Museum beeindruckt durch eine spektakuläre Stahlkonstruktion

The new Porsche Museum has a spectacular steel construction

Le nouveau musée Porsche impressionnant pour son architecture métallique

Stadt der Bürger
The citizens' city
Ville de citoyens

Was die Stuttgarter für Menschen sind? Fangen wir mit den Vorurteilen an. Sie sind ein bisschen richtig und manchmal auch falsch.

Beispiele? Da wäre das Vorurteil vom „Entaklemmer", dem giftig-galligen Geizhals. Oder das von den Kehrwöchnerseelen, die selbst den Gehweg so pflegen, dass man dort eine Mahlzeit einnehmen könnte. Natürlich gibt es auch Urteile: die einen fundiert, die anderen weniger. Schließlich sind die „G'schmäcker" verschieden. Wilhelm von Humboldt etwa konstatierte an Stuttgart einen gewissen Mangel an Grazie, wohingegen Otto von Bismarck von der Gastfreundschaft sehr angetan war. Wilhelm Raabe wiederum – immerhin hielt er's über acht Jahre lang in Stuttgart aus – mokierte sich in einem Brief an seinen Schwager: „Da muß ich Dich denn bei allem, was verständig und vernünftig ist, bitten, diese idealische, zärtliche Besorgnis um den deutschen Süden so schnell als möglich abzulegen. Vierzehn Tage hiesigen Aufenthalts würden Dich und manchen wackern Norddeutschen auf das gründlichste davon kurieren. Die anständigen wohlmeinenden Leute sitzen natürlich auch hier, aber so sporadisch eingesprengt wie sonst nirgends."

Jean Amery, Schriftsteller auch er, schätzte dagegen das schwäbisch Gediegene, das angenehm Provinzielle, die eingeborene Liberalität. Es ist wie immer: Jeder sucht das Seine und mag es auch finden. Die Wesensmerkmale der Stuttgarter herauszuschälen ist ein

What are the people of Stuttgart like? Let's start with the negatives. They are a little bit true and sometimes a little false.

It is said that they are parsimonious, mean and scrooge-like and they take their "cleaning week" duties so seriously that one could eat off the pavement afterwards. There are of course, other clichés, some of which are true, others less so, but at the end of the day you have to form your own opinion. Wilhelm von Humboldt noticed a certain lack of grace in Stuttgart, whereas Otto von Bismarck was very taken with the hospitality. Wilhelm Raabe, who managed to stick it out for 8 years in Stuttgart, once sneered in a letter to his brother-in-law: "I must beg you to forget your idealistic worries about the German South, as quickly as possible. A fortnight's stay here would cure you and many valiant North Germans soundly of it. There are honest, well-meaning people here of course, but fewer of them here than anywhere else."

Jean Amery, also a writer, valued the Swabian reliability, the pleasant provincial atmosphere and the general geniality of its inhabitants. It is always the same: you will always find the kind of person you are looking for. It is a difficult task to describe the character of the people of Stuttgart, but some qualities are mentioned so often that there must be some truth in them.

One example would be thriftiness, which is seen as such a virtue that any money spent on enjoyment is done

Quelle sorte d'hommes et de femmes sont les habitants de Stuttgart? Commençons par les préjugés véhiculés à leur sujet. Ils contiennent un peu de vérité et un peu de mensonge.

Des exemples? L'image du «Entaklemmer», le grippe-sou fielleux et amer, ou bien celle d'âmes obsédées par la traditionnelle «Kehrwoche» (en français: la «semaine du balayage»), qui laissent le trottoir d'une propreté telle que l'on pourrait y manger. Bien sûr, il existe d'autres opinions, dont certaines sont fondées et d'autres le sont moins. Après tout, tous les goûts sont dans la nature. Wilhelm von Humboldt par exemple, avait constaté un certain manque de grâce à la ville de Stuttgart tandis qu'Otto von Bismarck avait été conquis par l'hospitalité de ses habitants. Dans une lettre adressée à son beau-frère, Wilhelm Raabe – qui finalement resta plus de huit ans à Stuttgart – se moquait quant à lui dans une lettre à son beau-frère: «Au nom de l'entendement et de la raison, je dois te prier d'abandonner au plus vite ta douce et idéaliste préoccupation au sujet du Sud allemand. Un séjour de quinze jours ici devrait t'en guérir complètement, toi et nombre d'habitants vaillants du Nord de l'Allemagne. Certes, tu trouveras ici aussi des bonnes gens convenables et bien-pensantes, mais plus que partout ailleurs disséminées dans la nature».

Jean Amery, également écrivain, appréciait ici au contraire le sérieux typiquement souabe, le caractère provincial et le libéralisme inné. Il en va

B

Entspannung im Großstadttrubel

Relaxing amidst the bustle of the city

Détente dans l'agitation de la grande ville

schwieriges Unterfangen, zumal in Zeiten moderner Mobilität und Flexibilität. Und doch ist von manchen Merkmalen so häufig die Rede – da muss etwas dran sein.

Die Sparsamkeit zum Beispiel. Derentwegen man in „Schduagerd" im Zweifel die Genusssucht allenfalls „hehlinge", also heimlich, auslebt. Eine Schwester der Sparsamkeit ist die Betriebsamkeit. Industria, der Fleiß, hat Stuttgart zu einer industriellen Hochburg werden lassen. Das Bild vom schaffenden Schwaben („schaffe, schaffe, Häusle baue ...") kann man freilich, wie schon der bekannte Vers zeigt, in ganz unterschiedlichen Farben malen. Da ist es oft nicht weit zum freud- und humorlosen, zum etwas schwerfälligen und verhockten Mitbürger.

Was das Gegenteil zum knitzen Schwaben, zum Cleverle wäre, den es erwiesenermaßen gleichfalls gibt. Stuttgart – eine Stadt der Gegensätze: ein bisschen Partner der Welt, ein bisschen Provinz. Hier das Enge und die Tellerrand-Fans, dort das Großstädtische und Weltläufig-Philosophische. Immerhin hat man ja auch Hegel hervorgebracht!

secretly. Next to thriftiness is diligence – indeed diligence has made Stuttgart a centre of industrial excellence.

The image of the hard-working Swabians cited often in the famous verse ("work, work, build a house ...") could be viewed in so many different ways; as it is they are often perceived as a cheerless, humourless, somewhat awkward and unhurried people.

This doesn't really fit in with the idea of the cunning, inventive Swabian, an image which also exists. Stuttgart is a city of contrasts; it is a little bit worldly, and a little bit provincial. On one side the narrow-minded thinking of the farmer and on the other side the more worldly broad-minded thinking of the city dweller (don't forget Hegel comes from here!).

toujours ainsi: chacun peut y trouver son compte. Mettre en évidence les traits de caractère des Stuttgartois n'est pas entreprise aisée, surtout à une époque où mobilité et flexibilité sont de mise. Et pourtant, certains d'entre eux sont cités si souvent qu'il doit bien y avoir une part de vérité.

Le sens de l'économie par exemple. C'est lui qui fait que le Souabe à «Schduagerd» (Stuttgart, en dialecte), s'il a soif de plaisirs, n'ose les vivre au grand jour. Le travail va de pair avec cette nature économe. Industria, la déesse du zèle a fait de Stuttgart un fief industriel. On peut brosser divers portraits du travailleur souabe à partir de ce vers célèbre («Bosser, bosser, construire sa petite maison ... »). Et là, on n'est souvent pas loin de l'image de l'individu sans humour et sans joie, quelque peu lourd et borné.

Tout le contraire du souabe rusé, du petit malin qui, cela a été prouvé, existe également. Stuttgart, ville des contrastes: un peu cosmopolite, un peu provinciale. Ici l'étroitesse paysanne, là, la philosophie cosmopolite de la grande ville. N'oublions pas qu'elle est la ville natale de Hegel!

Vor dem Neuen Schloss

In front of the New Schloss

Devant le Nouveau Château

↑
Feststimmung auf dem Schlossplatz

Festiveness on the Schlossplatz

C'est la fête sur la place du Château

→
Strand auf dem Kaufhausdach
mitten in der City

Beach on the roof of a department store
in the middle of the city

Plage sur le toit d'un grand magasin
au cœur de la cité

In Mineralwasser baden: das Leuze

Bathing in mineral water: the Leuze

Un bain dans l'eau minérale: le Leuze

→

Im Süden: Blick auf Karlshöhe und Killesberg

To the south: a view of Karlshöhe and Killesberg

Au Sud: Vue sur Karlshöhe et Killesberg

SPECIALS OF STUTTGART

_ Besenwirtschaften
_ Botanischer Garten, Hohenheim
_ Haus des Waldes, Degerloch
_ Hoppenlaufriedhof
_ Literaturhaus im Boschareal
_ Mineralbad Berg
_ Römerkastell, Cannstatt
_ Seilbahn zum Waldfriedhof
_ Waldheim Heslach
_ Waldheim Sillenbuch, Clara-Zetkin-Haus
_ Zahnradbahn „Zacke"

Manchen Ortsfremden dürfte verblüffen, dass neben der Weinstube, wie sie vor allem in den Vororten zu finden ist, und der Besenwirtschaft, in welcher der Wengerter (Weingärtner) den eigenen Wein für einige Wochen im Jahr selbst ausschenken darf, auch das Waldheim eine Stuttgarter Institution ist. Es hat vor allem in den Vororten und grünen Randlagen großen Anteil an der Freiluftgastronomie. Das Waldheim blickt auf eine glorreiche sozialistische Vergangenheit zurück, hat sich aber zugleich den liebenswerten Charakter kleinbürgerlicher Freizeitgestaltung bewahrt. Der Sozialdemokrat Fritz Westmeyer notierte 1909: „Es wäre blöde Utopie, die soziale Frage durch solche Unternehmungen auch nur teilweise lösen zu wollen. Der Zukunftsstaat läßt sich nicht parzellenweise zusammenkaufen. Aber einem kann und soll das Waldheim dienen, nämlich dem Besitzlosen für seine paar Freistunden: Hier bin ich Mensch, hier kann ich's sein!" Vor allem

It may surprise some visitors that in addition to the wine taverns, which are mostly found in the suburbs, and the "Besen" in which the wine-growers are allowed to serve their own wine for a few weeks of the year, there is a further type of tavern, a Stuttgart institution, called a "Waldheim" (a working man's club in the woods). These are usually located in the suburbs and in green areas and have taken on a role as open air pubs similar to beer gardens. The "Waldheim" has an heroic, socialist past which has retained a pleasant character as a place for ordinary people to spend their free time. In 1909, the social democrat Fritz Westmeyer said: "It would be cloud-cuckoo land to think one could even partially solve social problems with these places. The future state cannot be bought in bits and pieces. But what the Waldheim does, and should continue to do, is serve those with nothing. In the Waldheim a man can say: Here I am, I am somebody!"

Pour certains étrangers à la région une surprise : à côté des bars à vin, situés surtout dans les quartiers périphériques, et des «Besenwirtschaft», où, quelques semaines par an, les viticulteurs deviennent bistrotiers pour faire déguster leurs nouveaux crus, il existe également le «Waldheim», véritable institution stuttgartoise. Il est un lieu important pour la restauration en plein air, en particulier dans les banlieux et les espaces verts autour de la ville. Le Waldheim peut se targuer d'un glorieux passé socialiste mais il a aussi su conserver le caractère désuet des loisirs petits-bourgeois. Le social-démocrate Fritz Westmeyer notait en 1909: «Ce serait pure utopie que de vouloir, même partiellement, régler la question sociale à l'aide de telles entreprises. L'Etat Providence ne se laisse pas acheter comme les parcelles d'un terrain. Mais le Waldheim doit et peut être utile à quelqu'un, à celui qui ne possède rien, pour ses quelques heures de liberté: ici je suis un être humain, ici je peux me

Quartier mit Altstadtflair: das Leonhardsviertel

The old part of town: the Leonhard district

Quartier aux airs de vieille ville: le quartier Leonhard

→
Bürgerliche Pracht am Schwabtunnel

Magnificence by the Schwab tunnel

Magnificence bourgeoise au Schwabtunnel

der letzte Satz ist als spezifischer Stuttgarter Beitrag zur deutschen Arbeiterkultur längst zum geflügelten Wort avanciert.

Für eine wachsende Zahl von Menschen gehört zur Freizeitgestaltung die sportliche Betätigung. In Stuttgart, der Sportstadt, die auch schon Sporthauptstadt genannt worden ist, kein Problem. Nicht nur, dass die Menschen unablässig zu sportlichen Höchstleistungen gezwungen wären – zum Beispiel beim Bewältigen der Höhenunterschiede oder Besteigen der Aussichtspunkte. Stuttgart verdankt diese Bezeichnung auch nicht den überaus zahlreichen Angeboten des Breitensports.

Stuttgarts sportliches Profil gründet vor allem auf der Vielzahl der Veranstaltungen von internationalem Rang und Interesse. Manche meinen gar, die La-Ola-Welle sei eben hier erfunden worden, so sportbegeistert zeigen sich seit eh und je die Zuschauer.

This last sentence is now a much used catchphrase and an example of Stuttgart's specific contribution to the German working class culture.

For a growing number of people, sport has become a prominent feature of their leisure pursuits. In Stuttgart, the sports city, which was once called the sporting capital, this is not a problem. Stuttgart's nickname, the "Sports City", did not evolve because its citizens and visitors were forced to produce sporting achievements like climbing the steep hills or managing to ascend to the various viewing points. No, Stuttgart has been given this name thanks to the numerous sporting activities it has to offer. Stuttgart owes its sporting profile to the many events of international repute and interest. Some people even believe that the La-Ola wave was invented here due to the fact that the spectators have always been so enthusiastic.

sentir comme tel! » Cette dernière phrase, notamment, est passée depuis longtemps dans les citations célèbres, en tant que contribution spécifiquement stuttgartoise à la culture ouvrière allemande.

Pour un nombre croissant d'habitants, les loisirs sont devenus l'occasion d'activités sportives. A Stuttgart, la ville des sports, déjà baptisée capitale des sports, c'est facile. Point ne suffit que les gens soient contraints à de hautes performances sportives – pour surmonter par exemple les dénivelés ou grimper jusqu'aux observatoires. Stuttgart ne doit pas non plus cette dénomination à la grande variété de l'offre en matière de sports pour tous.

Stuttgart est la ville du sport par la multiplicité des manifestations sportives de rang international qu'elle organise. D'aucuns affirment même que c'est ici qu'est née la vague La-Ola-qui fait vibrer les stades, à la mesure de l'enthousiasme que montrent depuis toujours les spectateurs stuttgartois.

30
ZONE
TAXI

Nicht vorstellbar ist die Sportstadt Stuttgart schließlich ohne den VfB, den Verein für Bewegungsspiele, der immer schon nahe am Neckar den grünen Rasen beackerte, während die Stuttgarter Kickers, wie etliche andere Vereine auch – vom Rugby-Club bis zum Eiskunstlauf-Verein –, auf der Waldau in Degerloch ihre Heimat haben. Mögen die renommierten VfB-Kicker ihre Fans auch nicht immer beglücken und ihr Publikum mitunter einem Wechselbad der Gefühle aussetzen – meistens spielt der Club doch ganz ordentlich in der Fußballbundesliga mit. Außerdem sorgt er von Zeit zu Zeit dafür, dass in der Mercedes-Benz-Arena internationale Atmosphäre Einzug hält.

And what would Stuttgart be without the VfB Stuttgart, the local premier division football team based close to the Neckar? The other, smaller professional team, the Stuttgart Kickers, like many other clubs, be it rugby or ice-skating, are based up on the Waldau in Degerloch. Whilst the VfB players don't always completely satisfy their supporters, subjecting them to emotions which range from joy to tears, the club is usually somewhere near the top of league when the season closes. Occasionally it even manages to bring some international flair into the Mercedes-Benz Arena when playing matches against other European teams.

Impossible enfin d'imaginer Stuttgart sans le VfB, le «Verein für Bewegungsspiele» (association des jeux de mouvement) qui a toujours labouré le gazon sur les rives du Neckar, tandis que les Stuttgarter Kickers (Footballeurs de Stuttgart) tout comme beaucoup d'autres associations sportives – du club de rugby à celui de patinage artistique – sont implantés sur la Waldau à Degerloch. Même si les joueurs renommés du VfB ne ravisseent pas toujours leurs fans et exposent parfois leur public à des douches écossaises émotionelles – le plus souvent le club joue très correctement en ligue un. Et grâce à lui, il règne de temps en temps une atmosphère internationale dans le stade «Mercedes-Benz-Arena».

↑
Neue Veranstaltungs- und Sporthalle: die Porsche-Arena

A new events and sports location: the Porsche-Arena

Un nouveau centre de spectacles et de sport : L'arène Porsche

Auch der weiße Sport ist in Stuttgart zu Hause: beim Weißenhofturnier

Even the "white" sport is at home in Stuttgart: the Weißenhof tournament

Le sport «en blanc» est lui aussi chez lui à Stuttgart: au tournoi de Weißenhof

Fans feiern Fußballer: VfB-Anhänger

Supporters celebrate footballers: VfB fans

Les fans acclament les footballeurs: supporters du VfB

↓

Ob Breitensport oder Spitzensport: Stuttgart hat von allem etwas zu bieten

Hobby sports or professional sports: Stuttgart has a little of everything to offer

Sport de masse ou sport d'élite: Stuttgart a tout à proposer.

Feinsinnig unterscheidet man übrigens in dieser Stadt, was von der tiefen Verwurzelung ihrer Bürger zeugt, zwischen Einheimischen, Reingeschmeckten und Fremden. Die Reingeschmeckten mögen sich noch so sehr anstrengen, sich gar des sogenannten Honoratiorenschwäbischen befleißigen – sie schaffen es doch nie, wirklich dazuzugehören.

Oder vielleicht doch? Stuttgart hat mehr Vertriebene nach dem Zweiten Weltkrieg aufgenommen als andere Städte. Der Zuzug habe gutgetan, meinte Thaddäus Troll, der heimische Schriftsteller: „Das Zweiflerische, Querköpfige, Kritische und Praktische im Wesen des Stuttgarters vermischte sich mit der Großzügigkeit, dem Wagemut, der Urbanität und der Musenfreundlichkeit vieler Neubürger." Nach den anderen Deutschen kamen alsbald, seit den sechziger Jahren, Ausländer in die Stadt, Italiener und Portugiesen, Türken und Griechen, Serben und Kroaten, von denen nicht wenige zu Inländern, etliche sogar – man hört es überdeutlich – zu Schwaben geworden sind. Auch sie haben das Bild der Stadt und ihrer Bürger nachhaltig verändert, was nicht zuletzt an der kulinarischen Vielfalt sichtbar wird.

Kaum irgendwo sonst übrigens ist der Ausländeranteil in Deutschland so hoch wie in Stuttgart. Dass dies weniger Probleme als anderswo mit sich gebracht hat, spricht womöglich für die schwäbische oder baden-württembergische Toleranz, aber auch für den hiesigen Pragmatismus.

Swabians make a fine distinction between natives, new arrivals and foreigners. The new arrivals can try as hard as they like – they can even cultivate a perfect Swabian dialect – but they never really manage to "belong".

Or do they? Stuttgart took in many more World War II exiles than other cities. Thaddäus Troll, a local writer, thought that the influx did Stuttgart good: "The sceptical, awkward, critical and somewhat practical character of the people of Stuttgart is mixing with the generosity, boldness, sophistication and poetic side of many of the new citizens." After the arrival of other Germans from all across the country, the sixties saw the start of an influx of many foreigners including Italians, Portuguese, Turks and Greeks, Serbs and Croatians and their accents reveal how Swabian they have now become. They too have changed the face of the city and its citizens, not least due to the variety of their cuisine.

Today Stuttgart has one of the highest percentages of foreigners in Germany. The fact that this has led to less problems than in other places is probably thanks to the tolerant attitude of the Swabians or inhabitants of Baden-Württemberg in general as well as being a reflection of their inherent pragmatism.

A propos, cette ville fait une distinction subtile –preuve du profond enracinement de ses habitants – entre les gens du pays, les souabes d'adoption et les étrangers. Les seconds ont beau faire des efforts, voire imiter le langage des notables souabes, ils ne parviennent jamais véritablement à en faire partie.

A moins que ... Après la Deuxième Guerre mondiale, la ville de Stuttgart a accueilli plus de réfugiés que d'autres villes. Pour Thaddäus Troll, écrivain régional, cet afflux d'étrangers a profité à la ville: «La nature sceptique, forte tête, le caractère critique et le sens pratique des Stuttgartois se sont mélangés à la générosité, à l'audace, à l'urbanité et à la poésie des nouveaux venus. »Après un afflux de citoyens venus des autres régions d'Allemagne, Stuttgart a connu, depuis les années 1960, une immigration étrangère d'Italiens, de Portugais, de Turcs, de Grecs, de Serbes et de Croates. Nombre d'entre eux se sont assimilés aux gens du pays, quelques-uns même, sont devenus – et cela s'entend nettement au dialecte – de véritables Souabes. Eux aussi ont contribué à changer de façon durable l'image de la ville et de ses habitants, fait particulièrement visible dans la diversité des spécialités culinaires.

Nulle part ailleurs en Allemagne, la proportion d'étrangers n'est aussi élevée qu'à Stuttgart. Le fait que cela ait entrainé moins de problèmes qu'ailleurs est une preuve de la tolérance de la Souabe ou du Bade-Wurtemberg mais aussi du pragmatisme ambiant.

In der Weinstube

In the wine bar

Au débit de vin

Sogar in Stuttgart gilt manchmal:
Dolce fa niente!

Even Stuttgart sometimes lives by the motto: Dolce fa niente!

Même Stuttgart connaît la devise: Dolce fa niente!

↑
Hippe Großstadtmeile – die Theodor-Heuss-Straße

The hip city mile – Theodor-Heuss-Straße

Hippe : la rue Theodor Heuss en centre-ville

→
Bei Vierteleschlotzern beliebt: der Schellenturm

Very popular with wine drinkers: the Schellenturm

Appréciée des amateurs de vins: la Schellenturm

Bei schönem Wetter treibt es die Stuttgarter hinaus ins Grüne, zur Spritztour durch die Parks …

When the weather is good, the people of Stuttgart flood outside, for rides through the parks …

Par beau temps, les Stuttgartois aiment se promener dans les parcs …

… oder doch lieber zum Müßiggang und Picknick in den Schlossgarten

… or just to relax and picnic in the Schlossgarten

… ou préfèrent se reposer en pique-niquant dans les jardins du château

Stadt der Touristen
The tourist city
Ville touristique

La bella desconocida, die schöne Unbekannte – so hat einmal eine spanische Journalistin ihren Reisebericht zu Stuttgart überschrieben. Ganz so unbekannt scheint die baden-württembergische Landeshauptstadt inzwischen nicht mehr zu sein. Die Zahl der Touristen steigt stetig an. Stuttgart ist „in". Der Trend zu Städte- und Kurztrips, der Musical-Boom, der Wandel und die neuen Möglichkeiten im internationalen Flugverkehr haben dazu ihren Teil beigetragen.

Vor allem zieht es immer mehr Ausländer in die Stadt. Japaner und Chinesen interessieren sich für die bekannten Automobilschmieden und besonders natürlich für die Museen von Mercedes und Porsche. Schweizer ziehen auf den Weihnachtsmarkt, Briten und Franzosen kommen in die Oper und in die Kunstmuseen, Amerikaner aufs Volksfest oder in die Besenwirtschaften.

Aus ganz Deutschland reisen die Gäste an, um die Musicals zu besuchen. Das SI-Centrum in Stuttgart-Möhringen mit Musical-Theatern, Spielbank, Bädern, Kinos, Einkaufspassagen und Restaurants ist Stuttgarts Miniaturausgabe von Las Vegas und bietet Vergnügungen für die ganze Familie.

"La bella desconocida", the beautiful unknown – this was how a Spanish journalist once described Stuttgart in a travel article a few years ago. The administrative centre of Baden-Württemberg does not appear to be quite so unknown as it was. The number of tourists is rising steadily. Stuttgart is certainly "in". The rising popularity of city trips and short breaks, the growing interest in stage musicals, the possibilities and the changing face of the international flight sector have also played their part in this development.

In particular there are a growing number of foreign visitors in the city. Japanese and Chinese tourists are interested in the well-known automobile workshops and especially the Porsche and Mercedes museums. The Swiss love the Christmas market, the Brits and French come to visit the opera and stroll around the art museums whilst the Americans enthuse over the Volksfest or the local family-run wine taverns.

Guests from across Germany come to see the musicals. The SI Centre in Stuttgart-Möhringen which houses musical theatres, a casino, a variety of baths, cinemas, shopping malls and restaurants is Stuttgart's miniature Las Vegas and has something to offer for the whole family.

La bella desconocida, la belle inconnue, c'est le titre que donnait il y a quelques années une journaliste espagnole à son récit de voyage à Stuttgart. Mais entretemps, la capitale régionale du Bade-Wurtemberg ne semble plus être si méconnue que cela. Le nombre des touristes ne cesse d'augmenter. Stuttgart est «in». La tendance aux courts séjours, notamment aux séjours de découverte en milieu urbain, le boom des spectacles musicaux, les innovations et de nouvelles offres des compagnies aériennes internationales ont contribué à cet essor.

Et surtout, toujours plus d'étrangers sont attirés par notre ville. Japonais et Chinois portent grand intérêt aux usines automobiles renommées et bien sûr aux musées de Mercedes et Porsche. Les Suisses viennent pour le marché de Noël, les Britanniques et les Français fréquentent l'opéra et les musées d'art tandis que les Américains leur préfèrent les fêtes populaires et les «Besenwirtschaften».

Des visiteurs viennent de toute l'Allemagne assister aux spectacles de music-hall. Le SI-Centrum de Stuttart-Möhringen avec ses théâtres de music-hall, ses banques de jeu, ses thermes, ses cinémas, ses galeries marchandes et ses restaurants est une version miniature de Las Vegas et propose des loisirs pour toute la famille.

Ein Stuttgarter Wahrzeichen:
der Fernsehturm

A hallmark of Stuttgart:
the television tower

Un emblème de Stuttgart:
la tour de télévision

Schatzkammer für Völkerkundler: das Lindenmuseum

A treasure trove for ethnologists: the Linden museum

Une chambre aux trésors pour les amateurs d'ethnologie: le musée Linden

↓
Verwunschener Ort: das Lapidarium

Enchanted place: the Lapidarium

Un endroit enchanteur: le Lapidarium

Ähnliches lässt sich über publikumsträchtige Veranstaltungen wie das Volks- und das Frühlingsfest auf dem Cannstatter Wasen sagen. Ersteres gilt nach dem Münchner Oktoberfest immerhin als das zweitgrößte dieser Art auf der Welt.

Manchen Gästen reichen auch schon die Flaniermeilen in der Innenstadt und das breite gastronomische Angebot als Grund aus, um sich nach Stuttgart aufzumachen. Fast jede Küche ist hier zu Hause, nicht zuletzt die schwäbisch-bodenständige. Rostbraten, Maultaschen, Ochsenschwanzragout, Gaisburger Marsch und handgeschabte Spätzle gelten als heimische Spezialitäten. Stuttgart ist aber auch jenseits der regionalen Küche ein kulinarisches Mekka geworden, kann auf deutlich mehr Sterne, Kochmützen und -löffel verweisen als andere Städte.

The same can be said about the large public events such as the Volksfest and Frühlingsfest on the Cannstatter Wasen. The Volksfest is the second largest of this kind in the world after the Munich Volksfest.

Some guests just want to visit Stuttgart to stroll through the city's shopping centre and enjoy the variety of culinary delights of the local restaurants. Almost all of the world's cuisines can be found in Stuttgart including of course Swabian home-cooking. Typical local specialities include roasted beef, filled pasta squares, oxtail ragout, Gaisburger Marsch (vegetable and beef soup) and handmade egg noodles. Apart from the regional cuisine, Stuttgart has become a culinary Mecca and has more Michelin stars, prize-winning chefs and cooks than other cities.

On peut en dire autant des grandes fêtes qui attirent un public très nombreux, comme la fête du vin ou la fête populaire sur le Cannstatter Wasen, en l'occurence, la deuxième plus grande fête de ce genre après la fête de la bière à Munich.

Beaucoup de visiteurs se satisfont pleinement des rues du centre-ville où il fait bon flâner et de la riche palette gastronomique, raison suffisante pour se rendre à Stuttgart. Presque toutes les cuisines sont représentées ici, et bien sûr la solide cuisine souabe ne saurait être en reste. Rôtis, rissoles, ragoût de queue de bœuf, «Gaisburger Marsch» et «Spätzle» (pâtes aux œufs) découpées à la main sont des spécialités du terroir. Mais au-delà de la cuisine régionale, Stuttgart est devenue une Mecque culinaire, s'enorgueillissant d'un nombre impressionnant d'étoiles, de toques et de cuillères.

Exotisch: die Wilhelma, Stuttgarts Zoo

Exotic: the Wilhelma, Stuttgart's zoo

Exotique: la Wilhelma, le zoo de Stuttgart

Weinlokale spielen in der Weinstadt Stuttgart naturgemäß ebenfalls eine wichtige Rolle. Sie liegen – dank dem Siegeszug des deutschen Weins – voll im Trend, blicken aber auch auf Geschichte zurück. Denn schon immer ist dieser Stadt eine gewisse Weinseligkeit eigen gewesen. Typisch war und ist wohl auch ein knitzes Außerkraftsetzen allzu strenger Regeln und Prinzipien, wie es einst die Volksschauspieler Willy Reichert und Oscar Heiler so unnachahmlich verkörperten. Der Schriftsteller Thaddäus Troll hat dies einmal in die Worte gefasst: „Stuttgart ist eine stillvergnügte Stadt, ist hehlinge lustig." Ganz so heimlich und hintenrum hat man's inzwischen nicht mehr nötig – heute wird offen genossen.

In this city of wine, wine taverns obviously play an important role and, thanks to the continuing success of German wines in general, they are currently very "in" although their historical origins go back a long way. Wine drinking has always been a central theme in the city. Typically the people of Stuttgart like to rebel against rules and principles that are too strict. We are reminded of the famous actors Willy Reichert and Oscar Heiler who portrayed this in their own inimitable way. Thaddäus Troll, the writer, once wrote: "Stuttgart is a quietly contented city and secretly a lot of fun." Nowadays it is no longer necessary to be secretive – the people of Stuttgart can enjoy their wine when and wherever they like.

Les bars à vin jouent aussi par nature un rôle important dans la ville de vignobles qu'est Stuttgart. Grâce à la marche triomphale du vin allemand, ils sont à la fois très tendance et les héritiers d'une longue tradition. Car la ville a toujours aimé le vin. Un autre trait caractéristique, c'est cet art de contourner d'un air entendu toutes les règles et les principes par trop sévères, art incarné inimitablement autrefois par les acteurs populaires Willy Reichert et Oscar Heiler. L'écrivain Thaddäus Troll l'a résumé un jour en ces mots: «Stuttgart est une ville satisfaite au fond d'elle même, à la jovialité cachée.» Plus besoin de se cacher, on peut aujourd'hui jouir ouvertement des plaisirs de la vie.

Beliebter Treffpunkt:
Pavillon am Schlossplatz

A popular meeting place:
the pavilion on the Schlossplatz

Un lieu de rencontre favori:
le pavillon sur la Schlossplatz

SIGHTSEEING

- Alte und Neue Staatsgalerie
- Haus der Geschichte
- Kunstmuseum
- Landesmuseum Württemberg
- Lindenmuseum
- Löwentormuseum
- Mercedes-Benz Museum
- Naturkundemuseum im Schloss Rosenstein
- Planetarium
- Porsche-Museum
- Sternwarte
- Straßenbahnmuseum
- Wilhelma

Auch für Flaneure und Einkaufsbummler hat Stuttgart viel zu bieten: In der Königstraße beim Königsbau …

Stuttgart has a lot to offer even for those who just want to stroll through the city or go window shopping: in the Königstraße near the Königsbau …

Stuttgart est aussi le bon endroit pour flâner et faire les magasins: dans la Königstraße au Königsbau …

→

… oder in der Calwer Passage

… or in the Calwer Passage

… ou dans le passage Calwer

Zu wahren Publikumsrennern haben sich das Sommerfest mit seinem multikulturellen Flair, der traditionsreiche Weihnachtsmarkt und das Weindorf im Spätsommer entwickelt. Letzteres ist eine sich über fast zwei Wochen hinziehende „Hocketse“ (schwäbisch hocken = sitzen). Ein solches Sit-in wird leicht zur „Drucketse“: Es ist dann eng, laut, man schwitzt im Kollektiv, und die Distanz zum Nachbarn oder der Nachbarin wird für schwäbische Verhältnisse unverhältnismäßig rasch überbrückt. Der Popularität der provisorischen Weinlauben zwischen Rathaus- und Schillerplatz tut dies keinen Abbruch, ganz im Gegenteil.

Many events have become really popular with the public including the Summer Fest, (with its multi-cultural flavour), the traditional Christmas market (founded by Duke Carl Eugen over 300 years ago) and the "Weindorf" which takes place at the end of the summer. This last event is a two-week long "Hocketse" (derived from "hocken" = to sit). This "sit-in" often turns into a "press-in". It is crowded, loud, you sweat, and the distance between you and your neighbour is much closer than the Swabians are normally used to. Despite this, the popularity of the temporary vine arbour between the "Rathaus" (city council building) and "Schillerplatz" has not waned.

La fête de l'été (Sommerfest) au caractère multiculturel, le marché de Noël (Weihnachtsmarkt), riche en traditions ainsi que la fête du vin (Weindorf), qui a lieu à la fin de l'été attirent un public très nombreux. Cette dernière dure presque deux semaines, deux semaines de «Hocketse» («hocken» signifie en souabe: «être assis»). Un tel Sit-in peut facilement se transformer en «Drucketse» (s'entasser): assis serrés les uns contre les autres, dans le bruit et la sueur, les distances de l'un ou l'une à l'autre sont vite franchies – comparé aux habitudes souabes. Cela ne nuit pas à la popularité de la fête, qui a se tient entre la Rathausplatz (la place de la mairie) et la Schillerplatz, bien au contraire.

Blumenmarkt auf dem Schillerplatz

Flower market on the Schillerplatz

Marché aux fleurs sur la Schillerplatz

↑
Welches Motiv fehlt noch?

What motif is missing here?

Quel motif manque-t-il ici?

←
Anziehungspunkt für Architekturfreaks und Gourmets: die Markthalle

A real attraction for architecture freaks and gourmets: the Market Hall

Attire les amateurs d'architecture et les gourmets: la Markthalle

Stuttgart hat indes auch klassische Sehenswürdigkeiten zu bieten. Dazu zählen etwa die historischen Bauten im Umkreis von Neuem Schloss, Stiftskirche und Schillerplatz. Zu den bekannten Ausflugszielen gehören außerdem der Fernsehturm, Stuttgarts Zoo, die Wilhelma, und der Rotenberg, auch Württemberg genannt. Auf der kegelförmigen Erhebung befand sich früher inmitten von Weinreben die Stammburg der württembergischen Herrscherfamilie. Heute thront dort die klassizistische Grabkapelle für eine Zarentochter und württembergische Königin.

Of course Stuttgart also has more typical tourist attractions to offer, such as the historical buildings near the "New Schloss", the "Stifts" church and the "Schillerplatz". Other traditional tourist attractions are the Television Tower, Stuttgart's Wilhelma zoo and the Rotenberg Hill, also known as the Württemberg. In times gone by, one of the earlier ruling families of Württemberg owned a castle which stood on this dome-shaped hill, in the centre of the vineyards. Today, it provides a home for the classical burial chamber of the daughter of a Tsar and a Württemberg queen.

Stuttgart possède également un patrimoine touristique plus classique. Il s'agit, par exemple, des constructions dans le quartier du Neues Schloss (le nouveau château), de la Stiftskirche (l'église collégiale) et de la Schillerplatz. Autres excursions traditionnelles : la tour de télévision, le zoo Wilhelma, ainsi que le mont Rotenberg, appelé aussi Württemberg. Sur cette hauteur en «pain de sucre» se trouvait autrefois le berceau de la famille royale du Wurtemberg, au beau milieu des vignobles. Aujourd'hui, son sommet est occupé par la chapelle funéraire, de style classique, d'une fille de tsar, reine du Wurtemberg.

Im Spätsommer lockt das Weindorf – eine zwei Wochen lang dauernde „Hocketse" zwischen Rathaus- und Schillerplatz

The Weindorf is a big attraction in the late summer – a two-week long "Hocketse" between the town council building and Schillerplatz

A la fin de l'été, c'est la fête du vin – un «Hocketse» deux semaines durant entre hôtel de ville et Schillerplatz

→

Das Cannstatter Volksfest – immerhin das zweitgrößte seiner Art weltweit

The Cannstatt Volksfest – the second largest of its kind in the world

La kermesse de Cannstatt – tout de même la deuxième au monde dans son genre

Spielwaren

Stimmungsvoll: der Weihnachtsmarkt vor dem Rathaus

Romantic: the Christmas market in front of the town council building

Atmosphère chaleureuse: le marché de Noël devant l'hôtel de ville

EVENTS

_ Flohmarkt auf dem Karlsplatz
_ Frühlingsfest
_ Sommerfest
_ Lichterfest Höhenpark Killesberg
_ Fischmarkt
_ Weindorf
_ Volksfest
_ Weihnachtsmarkt

Eine Parade der Kostüme und Masken: der Faschingsumzug auf dem Schlossplatz

A parade of costumes and masks: the Mardi Gras parade on the Schlossplatz

Une parade des costumes et des masques: le défilé du carnaval sur la Schlossplatz

Reich gesegnet ist Stuttgart mit Museen und Galerien. Alte und Neue Staatsgalerie, Galerie der Stadt Stuttgart und Württembergischer Kunstverein, Lindenmuseum (Völkerkunde), zwei Naturkundemuseen (Schloss Rosenstein und Museum am Löwentor), aber auch Kleinodien wie das Straßenbahnmuseum oder das Planetarium locken Besucher von weit her. Das neue Haus der Geschichte offeriert die Historie des noch relativ jungen Landes Baden-Württemberg in einer Form, die auch den Zuschauer und den Zuhörer fordert. Schon etwas älteren Datums ist das Württembergische Landesmuseum im zentral gelegenen Alten Schloss. Es beherbergt zahllose Kostbarkeiten von der Steinzeit bis zur Gegenwart und zieht die Besucher mit einem vielfältigen kulturellen Angebot an.

Stuttgart is also well-endowed with museums and galleries. The old and new State Galleries, The City of Stuttgart Gallery and the Württemberg Art Council, the Linden Museum (ethnology), two natural science museums (Schloss Rosenstein and Museum am Löwentor) as well as the lesser known tram museum and the Planetarium also attract visitors from far and wide. The new History Museum provides background information about the relatively young state of Baden-Württemberg in a manner which requires the active participation of the visitors and listeners. Somewhat older is the Württemberg State Museum inside the Old Schloss in the centre of the city. It is home to numerous treasures from the Stone Age through to the present day and its varied cultural programme attracts many visitors.

La ville de Stuttgart propose par ailleurs à ses visiteurs de nombreux musées et galeries d'art. La «Alte Staatsgalerie» et la «Neue Staatsgalerie» (l'ancien et le nouveau musée d'Art moderne et contemporain), la «Galerie der Stadt Stuttgart» et le «Württembergischer Kunstverein» (galerie d'art de la ville de Stuttgart et l'Association artistique wurtembergeoise), le Lindenmuseum (musée ethnologique), le Schloss Rosenstein et le Museum am Löwentor (musées des sciences naturelles) ainsi que des joyaux comme le Musée du tramway ou le Planétarium attirent des touristes venus de très loin. La Nouvelle Maison de l'Histoire présente l'histoire encore relativement courte du land de Bade-Wurtemberg sous une forme qui fait participer le spectateur et l'auditeur. Le Musée régional du Wurtemberg, logé dans le vieux château en centre-ville existe depuis plus longtemps. Il abrite d'innombrables pièces de la préhistoire à nos jours et attire les visiteurs par une offre culturelle diversifiée.

↑
In genauer Achsensymmetrie verwirklicht: Herzog Carl Eugens Schloss Solitude (1764–69) gilt als Spätblüte des Rokoko-Stils

Built in exact symmetry: Duke Carl Eugen's Schloss Solitude (1764–69) is considered to be one of the last buidings in the Rococo style

Une réalisation aux axes parfaitement symétriques: le château Solitude (1764–69) du duc Carl Eugen est considéré comme un épanouissement tardif du style rococo

→
Neckarromantik: Auch vom Wasser aus kann Stuttgart entdeckt werden

Neckar romanticism: Stuttgart can also be discovered by boat

Le Neckar romantique: pour découvrir Stuttgart aussi de la rivière

Ausschließlich zu Repräsentationszwecken erbaut, ist Schloss Solitude heute ein beliebtes Ausflugsziel

Only built for representative purposes, Schloss Solitude is now a popular destination for day trips

Édifié dans un but de représentation exclusif, le château Solitude est aujourd'hui un lieu d'excursion prisé

Schwarzwald, Schwäbische Alb, Schönbuch, Schwäbischer Wald und Neckartal bieten das „natürliche“ Kontrastprogramm zu den städtischen Highlights. Zur Region im engeren Sinn gehören die Kreise Ludwigsburg, Rems-Murr, Esslingen, Göppingen und Böblingen. Ungewöhnlich an diesem „Speckgürtel“ ist die Vielzahl mittelgroßer Städte, deren in Jahrhunderten gewachsenes Selbstbewusstsein noch heute sichtbar ist. Etwa in den pittoresken Stadtkernen von Backnang, Waiblingen, Schorndorf, Bietigheim, Herrenberg oder Weil der Stadt. Städte wiederum wie Esslingen und Ludwigsburg machten Stuttgart sogar zeitweise den Rang streitig. Esslingen kann mit einem weitgehend intakten mittelalterlichen Stadtkern aufwarten und ist dank zahlreicher Sehenswürdigkeiten ein beliebtes Touristenziel. Einen ganz anderen Charakter hat die nördliche Nachbarstadt Ludwigsburg, die Stuttgart im 18. Jahrhundert die Schau stahl: Das Ludwigsburger Schloss gilt als schwäbisches Versailles.

The Black Forest, the Swabian Alb, Schönbuch, the Swabian Forest and the Neckar valley are, in some ways, a natural contrast to these city highlights. Ludwigsburg, Rems-Murr, Esslingen, Göppingen and Böblingen all belong to “the region”. What is unusual about these areas which surround the city is that the autonomy of most of the medium-sized towns within them, which has developed over the centuries, is still visible today, particularly in the picturesque town centres of Backnang, Waiblingen, Schorndorf, Bietigheim, Herrenberg or Weil der Stadt. On the other hand, cities like Esslingen and Ludwigsburg have on occasion vied with Stuttgart for leadership of the region. Esslingen is very popular with tourists because of its almost intact medieval town centre. To the north, the neighbouring city of Ludwigsburg has a completely different character, having stolen Stuttgart's limelight in the 18th century: the Ludwigsburg palace is often called the Swabian Versailles.

La Forêt Noire, les hauteurs du Jura souabe (Schwäbische Alb), les collines de Schönbuch ainsi que la Forêt Souabe (Schwäbischer Wald) et la vallée du Neckar constituent, en quelque sorte, un programme «nature» qui contraste avec ces temps forts urbains. La région proprement dite comprend les cantons de Ludwigsburg, de Rems-Murr, d'Esslingen, de Göppingen et de Böblingen. Ils forment une «ceinture» de villes moyennes autour de Stuttgart dont le caractère forgé au fil des siècles, est encore visible aujourd'hui. Cela concerne, par exemple, les centres-villes pittoresques de Backnang, de Waiblingen, de Schorndorf, de Bietigheim ou de Weil der Stadt. Des villes comme Esslingen et Ludwigsburg ont même disputé, à certains moments de l'histoire, la première place à Stuttgart. Esslingen a largement conservé au centre-ville ses constructions Médiévales. C'est pour ses nombreuses curiosités, une destination touristique privilégiée. Plus au nord, sa voisine Ludwigsburg présente un tout autre caractère. Au XVIIIe siècle, elle a ravi la première place à Stuttgart: le château de Ludwigsburg est appelé le Versailles souabe.

↑
Geschichtsträchtige Nachbarin:
die alte Reichsstadt Esslingen

Historical neighbour:
the old town of Esslingen

Une voisine riche d'Histoire:
la vieille ville impériale d'Esslingen

→
Mittelalterliches Gepräge:
Altstadtgasse in Esslingen

Predominantly medieval:
the Altstadtgasse in Esslingen

Cachet médiéval:
une ruelle de la vieille ville d'Esslingen

Impressionen vom schwäbischen Versailles:
Schloss Ludwigsburg

Impressions from Swabia's Versailles:
Schloss Ludwigsburg

Impressions du Versailles de Souabe:
le château de Ludwigsburg

Stadt der Zukunft
The future city
Ville d'avenir

Hohe Lebensqualität, Wohlstand und nachhaltige Entwicklung, vor allem was Umwelt und Energie anbetrifft, wirken sich positiv auf die Einstellung der Bürger wie auch auf die Anziehungskraft der Stadt nach draußen aus. Die Zeichen stehen recht günstig. Und das gilt für die gesamte Region, die einen europäischen Spitzenplatz einnimmt. Denn Stuttgart liegt in der wirtschaftlich starken westlichen Mitte Europas: Straßburg und Brüssel sind nahe, aber auch Paris, London, Frankfurt, Mailand und Turin.

Doch immer wieder sind es Großprojekte, die die Gemüter erregen. Lange umstritten und hitzig umkämpft, hat sich die Neue Messe auf den Fildern direkt neben dem Flughafen und nahe der Autobahn rasch zu einem nicht mehr wegzudenkenden Faktor im wirtschaftlichen Leben und zu einem Schaufenster von Stadt und Region entwickelt.

Ein anderes, noch weit größeres Projekt beflügelt einerseits die Fantasie, bleibt aber wegen seiner Kosten und der langen Bauzeit, die für viele Menschen Belastungen und Behinderungen bedeutet, weiterhin umstritten: Stuttgart 21. Stadt, Land und Bahn wollen den bisherigen Kopfbahnhof in einen unterirdischen Durchgangsbahnhof verwandeln, wobei die Gleise künftig quer zur heutigen Ausrichtung der Schienen verlaufen sollen. Nahe der Neuen Messe und dem Flughafen auf der Filder-Ebene soll ein neuer ICE-Bahnhof entstehen. Hintergrund sind die Modernisierung des europäischen Schienennetzes und

A high quality of life, high standard of living and sustained development, especially with regard to the environment and energy fields, continue to have a positive effect on the attitude of the citizens and Stuttgart's attraction to the rest of the world. And this applies throughout the whole region, which ranks high among the top locations within Europe, thanks to the fact that Stuttgart is located in the commercially powerful western part of central Europe: Strasbourg and Brussels are close, as are Paris, London, Frankfurt, Milan and Turin.

However it is frequently the large-scale projects that still manage to cause a stir. There were heated debates and struggles surrounding the New Exhibition Centre that was built on the Filder directly adjacent to the airport and close to the motorway. This project has now become an important factor in the local economy and acts as a shop window for the city and the region as a whole.

Another project that, whilst it fires the imagination, is still contentious for many people due to the enormous investments and long building period involved – Stuttgart 21. The city, the state and the rail company want to turn the current railway terminus into an underground through station which means that the new tracks would run crosswise to the direction of the current ones. A new ICE station will be constructed close to the New Exhibition Centre and the airport on the Filder flats. The background to this project is

Qualité de vie élevée, prospérité et développement durable, particulièremnt en matière d'énergie et d'environnement, influencent positivement non seulement le comportement des habitants mais encore le rayonnement et l'attrait que la ville exerce.Les auspices sont favorables pour Stuttgart et toute sa région qui occupe une position de premier rang en Europe. Stuttgart se situe au cœur de l'Europe de l'ouest, zone économiquement forte, à proximité de Strasbourg et Bruxelles, mais aussi de Paris, Londres, Francfort, Milan et Turin.

Mais ce sont des projets gigantesques qui fréquemment échauffent les esprits. La Neue Messe (Parc des expositions) sur le plateau des Fildern, à proximité de l'aéroport et de l'autoroute fut longtemps l'objet de critiques et de discussions très animées. Pourtant aujourd'hui personne ne pourrait plus s'en passer : C'est un facteur économique de première importance, une vitrine de la ville et de sa région.

Un autre projet encore plus ambitieux fait rêver certes, mais reste très contesté vu les coûts élevés et la longueur du chantier qui représentent pour beaucoup à la fois des charges financiaires et des désagréments : Stuttgart 21. La ville, le land et la société de chemins de fer veulent transformer la gare terminus actuelle en gare de transit souterraine. Pour cela les voies devraient être construites perpendiculairement à leur direction actuelle.A proximité de la neue Messe et de l'aéroport au niveau des Filder, une nouvelle gare ICE devrait

Alt und neu im spannungsgeladenen Dialog: Stiftskirche und Fruchtkasten spiegeln sich in einem gläsernen Treppenturm

Old and new in an exciting dialogue: the Stifts church and the Fruchtkasten are reflected in a glass stairwell

Stiftskirche (église collégiale) et Fruchtkasten se reflètent dans une tour en escaliers de verre der Ausbau der großen West-Ost-Transversale zwischen Paris und Budapest, auf welcher dereinst durchweg schnelle Züge verkehren sollen.

Der Effekt einer Tieferlegung des historischen Stuttgarter Bahnhofs liegt nach Meinung der Befürworter nicht nur in einem Gewinn an Zeit für die Durchreisenden. Auf den freiwerdenden Gleisflächen und im Umkreis können neue Stadtquartiere, neue Arbeitsplätze, zugleich aber neue zentrumsnahe Wohnungen entstehen.

Die Zukunft der Stadt wird entscheidend davon abhängen, ob es gelingt, zwei Ansprüche zu erfüllen, die sich häufig im Widerstreit befinden: die Fähigkeit zur Innovation und die Verbesserung der Lebensqualität. In der „Charta von Athen" war als Ziel der Stadtplanung – typisch noch für die 90er Jahre des 20. Jahrhunderts – die

the modernisation of the European railway network and the expansion of the West-East Transversale between Paris and Budapest on which only fast trains will travel.

Those in favour of placing Stuttgart's historical railway station underground believe that passengers will not only profit from reduced travel times but that the space created by the removal of the above-ground tracks will allow the creation of new city districts, new jobs and also new living quarters close to the city.

The future of the city will depend on whether two decisive and often contradictory requirements can be fulfilled, the first being the need for innovative planning and the second being the need to improve current living standards. When the "Athen's Charter" was drawn up, it stipulated (typically

être construite. L'arrière-plan est la modernisation du réseau ferroviaire européen et l'extension déjà commencée de la grande diagonale Ouest-Est entre Paris et Budapest, sur laquelle devraient un jour circuler des trains rapides.

De l'avis des ceux qui appuient le projet, la conséquence de la disparition de la gare historique de Stuttgart, devenue souterraine, ne serait pas seulement un gain de temps pour les voyageurs. Sur l'espace ainsi dégagé et dans sa périphérie, de nouveaux quartiers urbains pourraient voir le jour, des emplois seraient créés et des logements proches du centre-ville seraient aménagés.

L'avenir de la ville dépendra de façon décisive de son aptitude à concilier deux exigences souvent contraires : sa capacité à innover et l'amélioration de sa qualité de vie. En matière d'urbanisme,

Neue Technologien, künftige Lebensentwürfe – rund um die Vaihinger Universität nehmen sie Gestalt an

New technologies and future plans in progress in and around the University of Vaihingen

Nouvelle technologies, projets d'avenir – ils prennent forme tout autour de l'Université de Vaihingen

bauliche Trennung von Wohnen, Arbeiten, Erholung und Fortbewegung festgeschrieben worden. Heute wird eine Durchmischung der verschiedenen Lebenssphären angestrebt. Die City selbst muss „reurbanisiert", mit neuem städtischem Leben erfüllt werden. Im Bohnenviertel oder rund um den Hospitalhof, aber etwa auch in Heslach und vielleicht dereinst im neuen Rosensteinviertel funktioniert das.

In der Zukunft kann es nicht mehr heißen: raus aus der Stadt, das letzte Grün zersiedeln, durch den anschwellenden Verkehr schwer berechenbare Folgekosten und Umweltschäden verursachen. Um der Stadtflucht und der „Entvölkerung" der City entgegenzuwirken, will Stuttgart nicht zuletzt familienfreundlicher werden. Man hat erkannt, dass vieles, was die Besucher lockt, auch die Bürger in der Stadt hält. Dazu zählen die urbanen Attraktionen ebenso wie eine intakte Umwelt. Gerade in diesem Punkt offenbaren sich wieder die Identität und der Charme der Schwabenmetropole: Bodenständigkeit und Weltoffenheit bilden kein Gegensatzpaar, sondern eine Einheit. Die Zeichen in und für Stuttgart stehen im Grundsatz günstig.

for the 90s of the 20th century) that the objective of the city development plans should be to clearly separate the areas designated for housing, industrial, relaxation and transportation purposes. Today town planners tend to aim for a mix of these different aspects. The city needs to be "re-urbanised" so that the city is once again filled with people.

The policy for the future can no longer be for citizens to get out of the city and build housing on the last green reserves, since this will ultimately lead to heavier traffic and difficult-to-foresee follow-on costs and environmental damage. To counteract migration from the city, Stuttgart needs to try and attract more families. It is now clear that those factors which attract visitors are also those which keep citizens in the city. It is here that the identity and charm of this Swabian metropolis comes into play: a down-to-earth and cosmopolitan attitude are not mutually exclusive: on the contrary they form a single unit. The omens for Stuttgart are looking good.

la «Charte d'Athènes» – encore typique pour les années 90 du 20ème siècle – avait pour objectif de dissocier les sphères du logement, du travail, des loisirs et du transport Aujourd'hui, on aspire désormais à une association des différentes sphères vitales. La «City» doit être «réurbanisée» et renaitre à une nouvelle vie. Cela est possible, comme le montrent le quartier du Bohnenviertel, les alentours du Hospitalhof mais aussi Heslach et peut-être un jour le nouveau quartier du Rosenviertel.

L'avenir ne peut plus signifier: quitter la ville pour occuper les derniers espaces verts, entraîner des coûts consécutifs difficilement calculables et des dommages pour l'environnement par une circulation automobile toujours plus intense. Pour éviter l'exode urbain et la «désertification» du centre, Stuttgart veut devenir plus accueillante pour les familles. Une évidence enfin reconnue: ce qui attire les visiteurs retient aussi les habitants dans une ville. Des points d'attractions en centre-ville et un environnement écologiquement intact, voilà ce qui compte. C'est justement là que l'identité et le charme de la métropole souabe se révèlent à nouveau: enracinement dans le terroir et ouverture sur le monde ne sont pas contradictoires mais forment une unité. A Stuttgart tous les signes sont prometteurs d'un bel avenir.

Das Netz der S- und U-Bahnen wird weiter ausgebaut: Stadtbahn-Haltestelle

The municipal train and tram system is being further extended: a tram stop

Le réseau des trains de banlieux et des métros s'agrandit: l'arrêt du R.E.R.

Spektakulärer Brückenschlag: Parkhaus für die Neue Messe über der Autobahn A8

Spectacular bridge: the car park for the New Exhibition Centre over the A8 motorway

Liaison spectaculaire: parking pour la Neue Messe (nouveau terrain de foire) par-dessus l'autoroute A8

Gut hundert Hektar Fläche mitten in der Stadt: das Planungsgebiet von Stuttgart 21 aus der Vogelperspektive

Over one hundred hectares in the middle of the city: the planned Stuttgart 21 district from a bird's eye view

Une bonne centaine d'hectares en plein cœur de la ville: la zone de projet de Stuttgart 21 de la perspective aérienne